Georg Sporschill Wie heute beichten

Wie heute beichten

Herausgegeben von
Georg Sporschill

unter Mitarbeit von
Rupert Feneberg, Wolfgang Feneberg
und Gilbert Niggl

Neuausgabe
mit einem Beitrag von
Karl Rahner

HERDER
Freiburg · Basel · Wien

SECHSTE AUFLAGE ALS NEUAUSGABE

Mit kirchlicher Druckerlaubnis
München, 9. 8. 1974, GV Nr. 5120/1a/74
Der Generalvikar: Dr. Gerhard Gruber
Herstellung: Freiburger Graphische Betriebe 1986
ISBN 3-451-20828-8

Einleitung zur Neuausgabe

Viele Katholiken gehen nicht mehr beichten. Selbst aktive und engagierte Christen bringen Argumente wie „Es genügt die Liebesreue“, „Ein Bußgottesdienst kann die Beichte ersetzen“ oder „Ein persönliches Gespräch bringt mehr, wozu die Absolution?“ Hinzu kommt, daß vielfach theologische Aussagen über Sünde, Reue, Gewissenserforschung, über die Zehn Gebote und das Ritual die Erfahrung des heutigen Menschen nicht mehr ansprechen.

Einerseits fordern diese Probleme und der Rückgang der Beichtpraxis, der stärker als in anderen religiösen Vollzügen ist, den Christen zum Nachdenken auf. Andererseits wird vor allem im humanwissenschaftlichen Bereich das Bedürfnis des heutigen Menschen nach einem persönlichen Bekenntnis deutlich. Die Eigenverantwortung des einzelnen und das Ritual – die vorgegebene Form – werden in ihrer Bedeutsamkeit bestätigt in Methoden der Psychologie, wie z. B. in der Begleitung, dem Reflexionsgespräch mit einem Fachmann über Fehler und Chancen des eigenen pädagogisch-sozialen Handelns, in Beratungsgesprächen und Therapiestunden beim Therapeuten. Diese Bedürfnisäußerung nach individuell-ritualisierter Hilfestellung für die persönliche Lebensgestaltung außerhalb der Kirche zeigt, daß die Einzelbeichte ihren Sinn nicht verloren hat, daß diese kirchliche Praxis aber am konkreten „Wie“ scheitert. Dennoch gibt es ein neues Zeichen, das zur Beichte ermutigt. Parallel zum Abbau kirchlich religiöser Übungen ist der Glaube, der vom einzelnen gefordert ist, zur Frage geworden. Durch die Schwächung der Institution der Kirche hat der Christ mehr Freiheit und Verantwortung als früher. Durch die kirchliche Krise ist er in die persönliche Entscheidung für den Glauben gerufen.

Nur so kann er zu Formen des Betens, des Gotteslobes und der Umkehr finden. Das Bekenntnis „Ich glaube an Gott" ist gleichsam ein Anfang, der zur Suche nach Formen einlädt, in denen dieser Glaube das Leben trägt. Glaube, der nicht erfahrbar ist, gibt auch keine Kraft und kann das Leben nicht verändern. Erfahrbarer Glaube aber setzt die Verleiblichung voraus, eine Praxis, die nicht denkbar ist ohne zwischenmenschliche Vermittlung, ohne das Wort, ohne den Zuspruch, ohne sichtbares Gericht und ausgesprochene Vergebung. Der Mensch will Vergebung erfahren. Viele haben einen Priester gefunden, der sich als Beichtvater bewährt hat. Andere rufen bei einem Priester an und bitten ihn um ein Beichtgespräch; sie suchen sich als ständigen Begleiter einen Priester, dem sie sich zur geistlichen Leitung unterstellen. Immer mehr sind auch Ordensfrauen ausgebildet und zu einer solchen Aufgabe bereit, auch wenn ihnen die Spendung der sakramentalen Absolution noch verweigert wird. Wer auf diese Weise zur Beichte gefunden hat, möchte spürbar die Versöhnung geschenkt bekommen. Er möchte die Hoffnung für einen neuen Anfang mitnehmen und erhofft sich die Erfahrung: Gott ist anders als die Menschen. Er verzeiht und nimmt an, grundlos und ohne Gegenleistung, einfach wie der Vater, zu dem der verlorene Sohn zurückkehrt. Die Bedeutung dieser Erfahrung hat schon das Konzil von Trient festgehalten: Eine Beichte hat eine Bedingung, und wenn sie diese nicht erfüllt, dann ist sie ungültig, nichtig und fruchtlos. Diese Bedingung lautet: „Glaube und anfanghafte Hoffnung". Wer um eine neue Beichtpraxis ringt, bringt also zum Ausdruck: Ich will hier und jetzt glauben und aus der Hoffnung leben, die sich auf die Zusage Gottes im gekreuzigten Herrn gründet. Das ist der neue Aufbruch, der sich in der Beichtpraxis zeigt, eine Herausforderung an die Kirche, ihre Mitarbeiter, vor allem die Priester zu befähigen, solchem Bedürfnis und solcher Anfrage entsprechen zu können.

Freilich haben nur wenige Christen den Mut, sich in dieser

individuellen Weise erfahrungsbezogen und frei Gott zu stellen. Auch fehlt ihnen die Sprache dazu, sie haben das persönliche Gebet nicht gelernt. Wenn hier nicht ein Lernprozeß einsetzt, wird auch die Beichtpraxis nur auf wenige beschränkt bleiben, und die vielen werden keinen Zugang zur Beichte finden. Das vorliegende Arbeitsbuch will eine Hilfe und ein Anstoß zur Verlebendigung der persönlichen Beichte sein. Im ersten Teil „Die Beichte – ein Angebot für christliche Lebensgestaltung“ geht es um grundsätzliche Fragen, wie das Verhältnis von Bußgottesdienst und Beichte, Beichte und Eucharistie, und um Gründe für das Einzelbekenntnis und die persönliche Absolution. Der zweite Teil „Wege und Hilfen zum persönlichen Bekenntnis“ geht auf die Vorbereitung der Beichte ein. Durch Vermittlung von Tradition und Humanwissenschaft werden Übungen angeboten, mit deren Hilfe man zur Gewissenserforschung und zur inneren Haltung der Reue finden kann. Der dritte Teil „Die Zehn Gebote – christliches Lebensprogramm“ will für die Vorbereitung der Beichte gleichsam den materialen Raster bieten – zuerst durch Überlegungen und Meditationsübungen zur Gotteserfahrung und dann durch den Versuch, die Zehn Gebote auf die heutigen Problemkreise und persönlichen Fragen hin durchsichtig zu machen. Im vierten Teil „Angst vor der Beichte?“ wird zum persönlichen Vollzug der Beichte ermutigt. Als fünfter Teil findet sich ein Beitrag zur Situation des Bußsakramentes von Karl Rahner, „Warum man trotzdem beichten soll“, der erstmals in der Zeitschrift „Entschluß“ (Heft 9/10 1980) abgedruckt war.

Die Neuauflage und Erweiterung des vorliegenden Buches durch Erfahrungsberichte soll eine Hilfe sein, damit viele die neue Beichtpraxis lernen, die einigen schon zu einer wichtigen Hilfe in ihrem Leben geworden ist.

Wien, Ostern 1986 *Georg Sporschill*

Inhalt

Zweites Thema:

Drittes Thema:

Viertes Thema:

Fünftes Thema:

Anhang:

ERFAHRUNGEN MIT DER BEICHTE

ERSTES THEMA

Die Beichte – ein Angebot für christliche Lebensgestaltung

Von Rupert Feneberg

Wer heute über die Beichte redet, verletzt fast ein Tabu. Das Thema verursacht bei vielen Christen ein Unbehagen. Man spricht nicht mehr gern darüber. Manche haben sich endlich durchgerungen, nicht mehr zu gehen. Sie wollen in Ruhe gelassen werden. Andere gehen zwar noch hin und wieder zur Beichte, aber ohne innere Überzeugung, nur aus einem geheimen Unsicherheitsgefühl. Sie spüren, daß ihre Begründung eigentlich nicht ausreicht und daß sie deshalb über ihre Praxis nicht ungefährdet nachdenken dürfen.

Offensichtlich ist die Beichte auch für Christen, die regelmäßig den Gottesdienst besuchen, nicht mehr selbstverständlich. Die Statistik weist für die Beichte in den letzten Jahren eine viel steiler abfallende Kurve aus als für andere Sakramente. Das mag daran liegen, daß sich im Bußgottesdienst eine Ausweichmöglichkeit anbietet und daß das Beichten auch weniger als Taufe, Firmung oder kirchliche Eheschließung sozialem Druck ausgesetzt ist. Am Ergebnis ändert sich dadurch nichts.

Der Trend ist so stark, daß er selber wieder als Argument gegen die Beichte verwendet wird, etwa in folgender Art und Weise: „Niemand geht mehr zum Beichten, höchstens noch Kinder, die gemeinsam vorbereitet werden und sich schlecht wehren können, oder ältere Leute, die zu unbeweglich sind, ihre lebenslange Gewohnheit zu ändern.“ Ihnen gegenüber übt man großzügig Toleranz. Nicht so sicher ist diese Toleranz, wenn jemand den Trend selbst hinterfragen will, also nicht nur durch seine Praxis, sondern auch theoretisch dagegen angeht. Der Verfasser erlebte selbst in kleinem Kreis, welche Emotionen in einem Gespräch über die Beichte geweckt werden können. Auch Priester wehrten sich heftig gegen jeden Versuch, einen positiven Stellenwert für die Beichte innerhalb einer christlichen Lebensgestaltung zu suchen. Es blieb bei der allgemeinen Forderung zur Umkehr und Buße. Pauschale Schuldbekenntnisse sind allerdings heute recht billig geworden. Ein Gespräch über Sinn und Zweck der Beichte ist entschieden gefährlicher, weil es Konsequenzen haben kann.

Dieses Buch „Wie heute beichten" geht von der Voraussetzung aus, daß die Methode des Totschweigens auf Dauer keine Lösung darstellt. Es will das Gespräch deshalb wieder anregen. In diesem ersten Thema geht es um eine grundsätzliche theologische Überlegung. Welche Bedeutung hat die Beichte im Leben des Christen?

Ausgangspunkt der folgenden Überlegungen ist die Differenz zwischen dem theologischen Anspruch der Beichte, ein unverzichtbares und wesentliches Element christlicher Lebensgestaltung zu sein, und der tatsächlichen Erfahrung des einzelnen, der die Beichte oft nur als Last verspürt, nicht als Hilfe. Die Differenz kann entweder beseitigt werden, indem man aufgrund dieser Erfahrung die Beichte abschafft. Die Differenz ist auch aufgehoben, wenn man den hohen Anspruch auf Lebensgestaltung aufgibt. Im einen Fall wird der Trend nachträglich legitimiert, eine Rationalisierung. Der andere Fall bedeutet umgekehrt die Beibehaltung einer sinnlos gewordenen Beichte, wobei nur der Ritus wichtig ist.

Ziel der folgenden Überlegungen ist im Gegensatz zu diesen Lösungen *die Differenz so sichtbar zu machen, daß sie zu Veränderungen der Beichtpraxis führt und die befreiende Wirkung der in der Beichte zugesagten Annahme durch Gott und die kirchliche Gemeinschaft auch für den heutigen Menschen wieder stärker erfahrbar wird.* Für den einzelnen geht es dabei um die Motivation, seine „Beichtpraxis“ (eine solche Praxis kann auch ein jahrelanges Fernbleiben von der Beichte sein) unter diesem Anspruch zu überdenken und zu revidieren.

Das Thema ist in drei Teile gegliedert. Im ersten Teil geht es um die Abgrenzung von Bußgottesdienst und Beichte. Das ist vielfach die erste Fragestellung in Diskussionen um die Beichte. Im zweiten Teil soll als Hintergrund für eine unbestreitbare Fehlentwicklung die ausschließliche Zuordnung der Beichte zur Kommunion besprochen werden. Der dritte Teil bringt die positive Begründung der Beichte. Sie stützt sich vor allem auf die im Einzelbekenntnis und in der persönlichen Absolution betonte Individualität und Eigenverantwortung des Menschen.

Für die Arbeit und die Diskussion in Gruppen sind in den Text kurze Fragen, Überlegungen und Aufgaben – die optisch gekennzeichnet sind – eingefügt. Das hat methodisch den Vorteil, daß der Kontext sofort nachlesbar ist, den diese Einfügungen umgekehrt auch gleichzeitig interpretieren. Für die theologischen Überlegungen dieses ersten Themas, das notgedrungen mehr theoretisch bestimmt ist, schien das die beste Lösung, um die Praxisrelevanz der diskutierten Fragen zu zeigen.

1 Bußgottesdienst und Beichte

1.1 Die kirchliche Bußpraxis

Die Kirche hat immer gewußt, daß Buße und Umkehr unverzichtbare Teile der Botschaft Jesu sind, und sie hat dementsprechend auch immer eine Vielfalt von Ausdrucksformen der Buße angeboten: die Verkündigung, besonders deutlich in Fasten- und Missionspredigten, Schriftlesung und Schriftgespräch, Andachten, z.B. Ölberg- und Kreuzwegandachten, Gebete, besonders das Vaterunser, den Bußritus in jeder Eucharistiefeier, den Bußgottesdienst und die Beichte.

Umstritten sind dabei vor allem Bußgottesdienst und Beichte. Der Bußgottesdienst wird heute ohne Zweifel von vielen gegenüber der Beichte bevorzugt. Er ist leichter mitzuvollziehen. Er enthält keine schwer verständlichen Elemente, er enthält besonders das Einzelbekenntnis nicht mehr.

Im Pastorale, das die deutsche Bischofskonferenz herausgegeben hat, wird der Bußgottesdienst folgendermaßen beschrieben: „Die Verkündigung des Wortes Gottes schafft die persönliche Konfrontation des Menschen mit Gott, der uns in seinem Sohn Jesus Christus anspricht. Der einzelne steht dabei in der Gemeinde der Glaubenden, in der alle zugleich Glaubende und Sünder sind. Nach den Worten der Heiligen Schrift hält jeder der Anwesenden in Stille Rückblick auf sein Leben. Einzelne Sätze der Heiligen Schrift oder andere geeignete kurze Texte können eine Hilfe für die Besinnung (= Gewissenserforschung) bieten. Es folgt das gemeinsame Bekenntnis der Schuld, in dem zugleich Bitte und Bereitschaft zu ehrlicher Umkehr mitausgedrückt werden (Reue und Vorsatz; Bekenntnis). Das Gebet um Vergebung Gottes spricht der Bußpriester, der zugleich Vertreter der Gemeinde und Vertreter Christi, des Hauptes der Gemeinde, ist. Der Gottesdienst kann schließen mit einem Danklied oder Fürbitten oder einem Opfergang, in dem die Buße in einer Tat ihren Ausdruck finden kann" (L. Bertsch, Buße und Bußsakrament in der heutigen Kirche, Mainz 1970, 38f).

Wer die Beichte dennoch praktizieren will, befindet sich heute in der Defensive. Er muß diese Praxis vor sich und anderen rechtfertigen. Als Argument bleibt häufig nur das Gebot der Kirche: Die Beichte gehört zu den sieben Sakramenten; das persönliche Bekenntnis ist bei schwerer Schuld unerläßlich – beides hat das Trienter Konzil festgelegt.

Eine Reflexion über die kirchliche Bußpraxis kann nicht überzeitlich und ein für allemal geschehen. Sie hat von dem Leben des Christen in der heutigen Welt auszugehen. Die Krise um die Beichte, das Suchen nach einer Ersatzlösung, die Angst und das Bedürfnis nach Sicherheiten haben hier ihren besonderen Grund.

Das Kennzeichen der säkularisierten Welt ist ihre Autarkie. Ungelöste Probleme gibt es zwar genug; ihre Lösung wird aber in der Welt selbst erwartet und gesucht. Glaube und Kirche werden dabei von vorgegebenen Formen der Lebensgestaltung zur Freizeitbeschäftigung des einzelnen nach seinem Belieben. Um im Vergleich zu bleiben: Ein Hobby kann auch lebensprägend sein, aber nur insoweit, als es durch freiwilliges Engagement selbst lebendig bleibt. Ein Hobby tut man gern oder gar nicht. Das betrifft alle kirchlichen Vollzüge.

Für jede kirchliche Bußpraxis verschärft sich dieses Problem dadurch, daß Schuld und Schuldbewußtsein im Zuge dieser Entwicklung fast verschwinden. Alle individuellen Probleme werden als Ergebnis soziokultureller und psychosozialer Bedingungszusammenhänge gesehen. *Schuld degeneriert zu einem bloßen Symptom.* Wer dennoch beichtet, kuriert Symptome. Er betreibt Nabelschau, während es doch gilt, in sozialem und politischem Einsatz die Bedingungen zu verändern, die diese Symptome verursachen.

In dieser Sicht der Welt hat die Beichte keinen Platz mehr: nicht nur, weil sie von vorneherein nicht gerade geeignet ist, zu einer selbstgewählten Freizeitbeschäftigung zu werden. Kein Mensch sieht sich gern klein, unansehnlich und gewöhnlich. Sie bekommt darüber hinaus auch einen negativen Akzent. Die Beichte führt zu Mißbildungen, weil sie von Schuld spricht, wo es doch um Symptome geht, und weil sie damit auf Symptome fixiert, statt Bedingungszusammenhänge verändern zu wollen.

1.2 Der Bußgottesdienst als Alternative zur Beichte

Der Bußgottesdienst ist nach dieser Beschreibung gewiß unverdächtig. Niemand würde sich dagegen stellen, ginge es nur um die geschilderte Erweiterung der Bußpraxis der Kirche. In Wirklichkeit geht es aber im Verständnis des Volkes bei der Einführung des Bußgottesdienstes weithin um eine Alternative zur Beichte, die dadurch überflüssig gemacht wird.

Aus der Ablehnung der Beichte kommt es zum *Kompromiß „Bußgottesdienst“*. Er hat – so gesehen – keinerlei Eigenbegründung, sondern *lebt von der Unmöglichkeit der Beichte.* Ausgehend von dem Widerspruch zwischen einer Auflösung jeder persönlichen Schuld und einer durch Kirchengebot geforderten Beibehaltung der Beichte, wird der Bußgottesdienst zur *Ersatzlösung.* In ihm fällt der Haupteinwand gegen die Beichte, das nutzlose oder sogar sich negativ auswirkende persönliche Bekenntnis weg. Der Beichtstuhl kann nicht mehr als Asyl auf der Flucht vor den harten Anforderungen des Lebens benutzt werden.

- Erheiternd war eine Nachricht aus der Diözese Aachen vor einigen Jahren. Dort gab es in der Fastenzeit kleine Wallfahrten nach Holland zu den dort schon früher als in Deutschland abgehaltenen Bußgottesdiensten. Die Aachener wollten mit den üblichen Ostereinkäufen jenseits der Grenze gleich noch ihre Osterbeichte erledigen. Dieser kirchliche holländische Wanderungsgewinn hörte erst auf, als auch in Deutschland Bußgottesdienste abgehalten wurden. Es blieb aber eine Fluktuation innerhalb verschiedener Pfarrgemeinden einer Stadt oder eines Gebietes wegen der Bußgottesdienste, die naturgemäß weniger spektakulär war. Mancher Pfarrer, der dem Bußgottesdienst aus Angst um die Beichte skeptisch gegenüberstand, war genötigt, selbst Bußgottesdienste anzubieten, um die Abwanderung aus seiner Gemeinde zu verhindern.
- Die Statistik aus einem Dekanat im Süden von München zeigt, daß die Zahl der Beichtenden in der Osterzeit ziemlich genau um die Gesamtzahl der Teilnehmer an den Bußgottesdiensten in diesem Dekanat, die nach einer Gebietsmission eingeführt wurden, zurückgegangen ist. Mit diesem Ergebnis stimmt auch die Beobachtung überein, daß zwar die Beichten überall stark abgenommen haben, der Empfang der Eucharistie aber gegenüber früher gleichgeblieben oder sogar leicht gestiegen ist.
- Daß das Verständnis vom Bußgottesdienst als Beichtersatz vorherrschend war, bestätigen auch die zwar verständlichen, trotzdem aber theologisch fragwürdigen *Abwehrreaktionen* einiger Bischöfe, Pfarrer und Theologen. Sie argumentieren gegen die „Ersatzlösung Bußgottesdienst" mit der Sakramen-

talität der Beichte. Es ist, als hätten sie Angst, im Bußgottesdienst würden tatsächlich Sünden vergeben.

- Ein Pfarrer in Innsbruck sitzt jeden Samstag drei Stunden im Beichtstuhl wie früher; obwohl durchschnittlich nur noch drei bis vier Beichtende kommen. Er betrachtet sein Warten als Zeichen des stillen Protestes. Überflüssig, zu sagen, daß er sich strikt weigert, in seiner Gemeinde einen Bußgottesdienst zu veranstalten oder veranstalten zu lassen.
- In mehreren bayrischen Diözesen sind alle Geistlichen durch Verordnung des Bischofs seit etwa einem Jahr angewiesen, vor jedem Bußgottesdienst einen Text zu verlesen, in dem betont wird, daß schwere Sünden nicht ohne das persönliche Bekenntnis im Sakrament der Beichte nachgelassen werden. Die psychologische Wirkung dieses Vorspanns macht den folgenden Bußgottesdienst fast überflüssig.
- Analog dazu hat ein Theologe vorgeschlagen, durch kirchliche Erklärung festzulegen, daß der Bußgottesdienst nur für läßliche, das Sakrament der Beichte für schwere Sünden gelten soll.
- Eine ähnliche juristische Sakramentsauffassung liegt zugrunde, wenn Theologen darüber diskutieren, ob die Kirche den Bußgottesdienst zum Sakrament erheben könne oder nicht. Das Problem besteht in der Festlegung des Trienter Konzils auf sieben Sakramente und auf *diese* sieben Sakramente. Entweder wird der Bußgottesdienst anstelle der Beichte Sakrament, oder er ist nichts wert.
- Manche Pfarrer halten es für eine Lösung, den Bußgottesdienst als intensive gemeinsame Beichtvorbereitung anzubieten.

Hinter allen diesen Versuchen ist unschwer die Angst um den Bestand der Beichte zu erkennen. Der Bußgottesdienst wird deshalb in Relation und Konkurrenz zur Beichte gebracht und ihr eine Stufe tiefer zugeordnet. Er ist kein Sakrament. Der Unterschied besteht in der größeren *Sicherheit,* die der Beichte als kirchlich besonders sanktioniertem Heilsweg zukommt. Hat man schwere Sünden und will man sicher gehen, muß man beichten.

Ein Problem haben beide Formen, die Beichte und der Bußgottesdienst, gemeinsam. Dieselben Gründe, die ein Einzelbekenntnis und eine persönliche Absolution unmöglich machen, nämlich das Fehlen der Schuld, machen auch jeden Bußgottesdienst unmöglich. Oder soll das fehlende Schuldbewußtsein durch eine besonders aufrichtige Reue kompensiert werden? Wenn es keine Sünde gibt, ist der Bußgottesdienst genauso wie die Beichte lediglich „fromme Übung", getragen von einem heimlichen Unsicherheitsgefühl und dem damit gegebenen Versicherungs- und Sicherheitsdenken. „Man kann nie wissen." Und: „Allzuviel ist nicht verlangt! Es kostet ja nichts!" Der Volksmund ist hier verräterisch.

Damit soll natürlich nicht einem unchristlichen Leistungsdenken das Wort geredet werden, nach dem die Sündenvergebung in der Einzelbeichte zeitweise als Gegenleistung für die Schwere des Ganges in den Beichtstuhl und das Bekenntnis verstanden wurde. Ein Geschenk ist ja auch etwas wert, wenn es den Geber etwas gekostet hat. Ohne Bewußtsein von der eigenen schuldverfallenen und hoffnungslosen Situation läßt sich aber der Wert der angebotenen Gabe, die Befreiung von dieser Schuld, nicht ermessen.

Hier deutet sich heute eine Wende an. Nach dem sozialen Elan der letzten Jahre breitet sich zunehmend Skepsis und Resignation aus. Der Mensch beginnt an der Sinnhaftigkeit seines Einsatzes zu zweifeln. Er fühlt sich der Manipulation durch anonyme Mächte wehrlos ausgeliefert. Diese Wende enthält aber zugleich eine Chance, weil die Alternative Bußgottesdienst oder Beichte relativiert wird. Man wird auf eine Besinnung der gemeinsamen Glaubensgrundlagen verwiesen, die Voraussetzung jeder Art von kirchlicher Bußpraxis sind.

1.3 Das Sakrament – der sicherste Heilsweg?

Die simple Berufung auf das Konzil von Trient auf der einen Seite, der Ruf nach sakramentaler Aufwertung des Bußgottesdienstes auf der anderen Seite entsprechen sich. Bei beiden geht es ausschließlich um die Sicherheit der Sündenvergebung. ‚Sakrament oder nicht‘ lautet die Devise. In einem Fall wird die kirchliche Buße zu einer übernatürlichen Versicherung, die man im Ernstfall gegen Gott einklagen kann, im anderen Fall hat sie höchstens Werbewirkung zum Abschluß dieser Versicherung.

Verräterisch ist die oft vorgebrachte Frage, ob der Bußgottesdienst sakramental sei oder nicht. Die Frage ist natürlich nicht mit dem Hinweis auf die allgemeine Sakramentalität und Zeichenhaftigkeit aller kirchlichen Vollzüge, also auch des Bußgottesdienstes, zufriedenstellend beantwortet. Es geht darum, ob der Bußgottesdienst voll die Stelle der Beichte ausfüllen kann. Und weil eine Theologendiskussion über diese Frage jedenfalls kontrovers bleiben muß, verlangt man eine positive Erklärung des kirchlichen Lehramts, durch die der Bußgottesdienst zum Sakrament erhoben wird. Allein eine solche Erklärung kann offenbar das Bedürfnis nach Sicherheit zufriedenstellen. Voraussetzung einer solchen Forderung ist wieder die Absicht, die Beichte durch den Bußgottesdienst zu ersetzen, dabei aber kein Sicherheitsrisiko einzugehen.

Das Bußsakrament wird also nur noch als „übernatürliches Heilsmittel“ gesehen. Es wirkt „von selbst“, wenn es gültig gesetzt wird. Kein Wort von der lebensgestaltenden und lebensverändernden Kraft der Buße. Die Wirkung wird auf einen übernatürlichen Bereich reduziert und ist damit unangreifbar, allerdings auch unerfahrbar geworden. Andere Formen der Buße wirken in diesem Bereich, da sie nicht Sakrament sind, weniger sicher. Alle Gefahren eines mechanischen und automatischen Sakramentenverständnisses sind hier Wirklichkeit geworden.

■ Wie oft haben wir auf unsere Zweifel an der Sinnhaftigkeit der Beichte die Antwort gehört, die in Wirklichkeit einer Antwortverweigerung gleichkommt: „Irgendwie hilft es schon. Wir müssen Geduld haben.“ „Wir wissen nicht, wieviel schlimmer alles wäre, wenn wir nicht mehr beichteten.“ Inzwischen haben viele das Beichten aufgegeben, ohne daß in ihrem Leben erfahrungsmäßig etwas fehlt.

Kennzeichnend für dieses Sakramentsverständnis ist eine alles überragende Bedeutung der *Gültigkeit* des Heilsmittels. Darin wird eine Fehlentwicklung in Bereichen der Sakramentstheologie seit dem Hochmittelalter sichtbar. *Die Sakramente sind mit ihrer unfehlbaren Wirkung in Gefahr, zu magischen Vollzügen auszuarten.* Es geht nur noch darum, die äußeren Zeichen richtig und damit gültig zu setzen. Diese Entwicklung führt dahin, daß zunehmend dem *Recht die Entscheidung über Heil und Unheil des Menschen überlassen* wird. Spender und Empfänger eines Sakraments achten viel mehr auf die richtige Setzung der Zeichen als auf den Inhalt, der sichtbar angezeigt werden soll.

Gegen dieses Sicherheitsdenken muß betont werden, daß die „Selbstwirksamkeit" der Sakramente – das „opus operatum" – keine Aussage ist, die die Automatik der Sakramente als Heilsmittel bekräftigt und damit dem Spender des Sakramentes, von dem ja die richtige Setzung abhängig ist, übernatürliche Macht sichert. Es handelt sich dabei im Gegenteil um die Absicherung des Menschen vor unmenschlichen Herrschaftsverhältnissen, zu denen auch kirchliche Machtausübungen zählen können, und das Unterstellen des Menschen allein der gnädigen Herrschaft Gottes. Das Recht hat dabei gerade die Aufgabe, zu sichern, daß das Heil von dieser gnädigen Herrschaft Gottes her gesehen wird, die jedes menschliche Sicherheitsdenken im positiven wie im negativen Sinn, das heißt vom Heilsbesitz und von der eigenen Verlorenheit, ausschließt. Deshalb ist weder die persönliche Unwürdigkeit des Spenders noch ein Irrtum bei der Spendung, schon gar nicht eine herrschaftliche Verweigerung, die sich nicht ausschließlich auf die gnädige Herrschaft Gottes berufen kann, für das Ankommen der erlösenden Tat Gottes am Menschen entscheidend.

Wer mit Berufung auf das „Sakrament Beichte" den Bußgottesdienst abwerten will, hat ein falsches Sakramentsverständnis und wertet deshalb auch die Beichte ab. Er betrachtet die Beichte als magischen und deshalb unfehlbaren Ritus, der seine Wirkung in einem nicht kontrollierbaren übernatürlichen Bereich hat.

1.4 Bußgottesdienst und Beichte: selbständige Formen kirchlicher Bußpraxis

Der neue Bußordo, der von der Gottesdienstkongregation in Rom herausgegeben wurde, macht ein Verständnis des Bußgottesdienstes in Konkurrenz und als Ersatz der Beichte unmöglich. Er behandelt Beichte und Bußgottesdienst als selbständige Formen kirchlicher Bußpraxis, die nebeneinander Platz haben. Am deutlichsten geht das aus der Einfügung „Feier des Bußsakramentes für *mehrere Büßer* mit Einzelbekenntnis und persönlicher Lossprechung" hervor, die nach der Einzelbeichte und vor dem eigentlichen Bußgottesdienst steht. In dieser Feier handelt es sich um eine Form der Beichte, gekennzeichnet durch Bekenntnis und persönliche Lossprechung, in der aber durch die besondere Vorbereitung „der Gemeinschaftscharakter der Buße" betont werden soll. Der Bußgottesdienst wird weder von der Beichte abgeleitet noch auf sie direkt bezogen.

Eigenständige Formen der Bußpraxis liegen vor, wenn dadurch verschiedene Ansätze zu christlicher Lebensgestaltung gegeben sind, die sich durchaus ergänzen können. Das ist bei Beichte und Bußgottesdienst der Fall. Im Bußgottesdienst werden wirklich Sünden vergeben. Es geht wie in der Beichte um Umkehr und Veränderungen beim Menschen. Solche Veränderung geht aber immer in konkreten Formen vor sich. *Der Bußgottesdienst ist eine selbständige Form. Er stellt keine Revision der bisherigen Beichtpraxis dar, weil er die beiden wesentlichen Kennzeichen der Beichte, Einzelbekenntnis und persönliche Lossprechung, nicht enthält.* Wer darauf verzichten will, weil doch die wesentlichen Teile des Sakraments, Reue und Lossprechung, auch im Bußgottesdienst vorhanden sind, argumentiert wieder mit abstrakten Rechtskategorien, nicht mit dem konkreten Leben. Nicht die Frage der „Gültigkeit" und „Sicherheit" entscheidet über Sinn und Unsinn einer bestimmten Form, sondern ihre Lebensbezogenheit. Eine Beichte kann *anders* lebensgestaltend sein als ein Bußgottesdienst. Es geht darum, die Beichte selbst unter diesem Anspruch der Lebensgestaltung zu sehen und für den heutigen Menschen vollziehbar zu machen. Die Feststellung der Differenz zwischen Anspruch und tatsächlicher Erfahrung muß zur Revision der „Form Beichte" führen, so daß diese dem Anspruch wieder mehr gerecht wird.

Der Bußgottesdienst ist seiner Form nach eher daraufhin angelegt, die *Bedeutung von Umkehr und Erneuerung innerhalb der christlichen Botschaft und für die ganze Gemeinde* zu betonen. Die Gläubigen sollen „zu ständiger Umkehr und Erneuerung" (Neuer Bußordo der Gottesdienstkongregation, Einleitung) gerufen werden. Er hat deshalb seinen Platz besonders bei der Vorbereitung der großen Festzeiten im Kirchenjahr, also in der Advents- und Fastenzeit, und bei der Vorbereitung besonderer Feiern in der Ortsgemeinde, wie Erstkommunion, Firmung, ein Patrozinium, ein Gemeindejubiläum usw. Ein solcher Bußgottesdienst kann zum Beispiel zum Ausdruck bringen, daß Erstkommunion nicht nur Sache der betroffenen Kinder und ihrer Eltern ist, sondern tatsächlich die ganze Gemeinde angeht.

Weil dadurch ein wichtiger Teil der Beichte, nämlich Reue und gemeinschaftliche Umkehr, besonders betroffen ist, trägt der Bußgottesdienst selbstverständlich auch zur Verbesserung des Beichtens bei. Gegen die Gefahr einer magischen Sakramentsauffassung wird durch den Bußgottesdienst die Bedeutung der Vorbereitung und der Reue neu gesehen. Gegen eine individualistische und egoistische Beichtpraxis nach der Parole „Rette deine Seele" erneuert der Bußgottesdienst das Verständnis für die kirchliche Dimension jeder Sünde und jeder Sündenvergebung. Theoretisch wurde die zentrale Rolle der Reue neben der Absolution für die Beichte immer betont. Sie wurde praktisch durch die Überbewertung des Bekenntnisses verdeckt. Der Bußgottesdienst kann insofern wirklich eine Hilfestellung für die Beichte geben, als er diese Akzente wieder richtig setzt. Er stellt aber keine Revision der Beichte selbst dar, weil er deren kennzeichnende Elemente einfach nicht enthält. Insofern ist der Bußgottesdienst keine Alternative zur Beichte.

Die Ablehnung der Alternative Bußgottesdienst – Beichte basiert auf der *Verschiedenheit dieser beiden Formen der Bußpraxis.*

Nicht der Unterschied im Sakrament, nicht ein Gebot der Kirche, auch nicht die größere oder kleinere Sicherheit für den Menschen macht das wesentliche Kennzeichen für beide Formen aus, sondern der verschiedene lebensorientierende Bezug, der den beiden Formen zukommt. Der Bußgottesdienst ersetzt nicht die Elemente, die im Einzelbekenntnis und in der persönlichen Absolution gegeben sind, auch wenn selbstverständlich wirkliche Vergebung im Bußgottesdienst geschenkt wird. Die Beichte kann umgekehrt zu besonderen Anlässen, besonders auf Gemeindeebene den Bußgottesdienst nicht ersetzen.

In der Konsequenz dieser Überlegung liegt, daß die Beichte als eine bestimmte Form der Bußpraxis nicht heilsnotwendig ist. Es gibt andere Formen außerhalb und innerhalb der Kirche. Das war und ist immer festgehalten worden. Die *Formvorschrift der Beichte* trifft ähnlich wie bei der Eheschließung deshalb nur einen bestimmten Personenkreis. Im Konzil von Trient ist in Fortführung und Präzisierung der Aussagen des IV. Laterankonzils – genaugenommen – nicht die jährliche Beichte, sondern nur die Osterkommunion vorgeschrieben, die die Beichte nur voraussetzt, *falls* schwere Sünden vorliegen. Gerade die Unklarheit in der Bestimmung der schweren Schuld aber läßt die positive Formvorschrift heute in ihrer Bedeutung zurücktreten.

Die Sinnhaftigkeit und die Notwendigkeit der Beichte lassen sich also nicht in einer zur vollen Vergebung notwendigen Ergänzung zum Bußgottesdienst zeigen. Sie müssen anthropologisch, das heißt von der Bedeutung der Beichte für bestimmte Situationen des menschlichen Lebens, begründet werden. Die Beichte behält so immer den Charakter eines Angebots, einer Hilfestellung, auch wenn sie Katholiken in bestimmten Fällen durch die Formvorschrift vorgeschrieben ist.

In den folgenden Überlegungen soll deshalb nicht die Heilsnotwendigkeit aufgrund eines Kirchengebots zum Überdenken der eigenen Beichtpraxis motivieren, sondern die Chancen und Möglichkeiten, die in der Bußform „Beichte“ für eine Gestaltung christlichen Lebens enthalten sind.

2.1 Verschiedene Zeichen der Christusbegegnung

Wer die Beichte richtig verstehen will, darf sie nicht von vorneherein als Vorbereitungssakrament zum Eucharistieempfang sehen. Sonst kommt ihre selbständige Bedeutung für eine christliche Lebensgestaltung nicht in den Blick. Der Unterschied der beiden Sakramente liegt nicht darin, daß in der Beichte Sünden vergeben werden, während in der Kommunion Christusbegegnung geschenkt wird. Es gibt christlich keine Sündenvergebung außer durch das Kreuz Jesu. Entscheidend ist auch in der Beichte die Begegnung mit dem gekreuzigten und auferstandenen Herrn. Sie ist die Hauptsache, Sündenvergebung ihre innere Konsequenz.

In der Beichte geschieht also wie in der Eucharistie Christusbegegnung. Verschieden ist nur die Zeichenhaftigkeit der beiden Sakramente. In der Beichte wird mehr der Bruch gegenüber der Vergangenheit, der radikale Neubeginn, die Übermacht des Ja Gottes gegenüber dem tödlichen Nein des Menschen, die alle menschliche Fehlplanung umwerfende erlösende Kraft der Christusbegegnung betont. In der Eucharistie wird das geschenkte neue Leben selbst zeichenhaft abgebildet und vorweggenommen.

2.2 Beichte als Vorbereitungssakrament für die Kommunion

In der alten Kirche gab es nach der Taufe nur eine einmalige Wiederaufnahme (Rekonziliation) des Sünders in einer allgemein festgelegten Form des Bußverfahrens. Auch diese einmalige Möglichkeit zur Rekonziliation war zeitweise umstritten. Allerdings muß diese Einmaligkeit im richtigen Zusammenhang gesehen werden. Einerseits waren es nur ganz wenige schwere Verfehlungen, die in dieser festgelegten Form eines Bußverfahrens getilgt werden mußten, vor allem die Kapitalsünden Mord, Ehebruch und Glaubensabfall; andererseits waren solche Verfehlungen und noch mehr deren Wiederholungen für Christen, die ihr Leben ganz von der Erwartung der nahen Wiederkunft des Herrn bestimmen ließen und dafür bis in den Tod gingen, fast unvorstellbar. Was für uns rigoristisch klingt:

„nur einmal“, war für diese Christen eine besondere Konzession: „sogar noch einmal“.

Erst im 7. Jahrhundert wurde von den Iroschotten und Angelsachsen aus praktischen Gründen diese Form der Buße verändert. In der volkskirchlichen Situation nach Kaiser Konstantin d. Gr. hatte sich nämlich die Konzession der nochmaligen Rekonziliation nach der Taufe in harten Rigorismus verwandelt. Das Problem entstand zum Beispiel beim Glaubensabfall unter der Folter oder ihrer Androhung. Wie sollte mit den Abgefallenen (Lapsi) verfahren werden? Bei der politischen Unsicherheit gab es keine Kontinuität in der Religionspolitik der spätrömischen Kaiser. Eine ruhigere Zeit, in der viele Lapsi in die Kirche zurückkehren wollten, konnte sehr rasch von einer erneuten Verfolgungswelle abgelöst werden.

Wegen der Härte der Bußauflagen und der nur einmaligen Möglichkeit zur Rekonziliation hatten die Christen das Bußverfahren in der Regel bis zu ihrer Todesstunde verschoben. Diese Praxis wurde von der Kirche auch unterstützt. Eine Synode in Gallien 506 bestimmte ausdrücklich, daß junge Leute nicht leicht zur Buße zugelassen werden sollten, eine andere Synode machte wegen der hohen Bußauflagen die Zulassung eines Ehepartners zur Buße von der Zustimmung des anderen Partners abhängig.

In dieser Situation boten die Missionare des Frühmittelalters die mehrmalige Beichte als Möglichkeit an. Die Form wurde dadurch notwendig verändert. Vor allem zwei Veränderungen waren für die weitere Entwicklung bedeutsam: Jetzt konnten auch weniger schwere Verfehlungen gebeichtet werden; die Bußauflagen mußten geringer werden.

Diese neue Form der Buße war Voraussetzung dafür, daß 1215 im IV. Laterankonzil mit der Verpflichtung zur jährlichen Kommunion gleichzeitig auch die Pflicht zur jährlichen Beichte eingeführt werden konnte. Bei der älteren Bußpraxis war die allgemeine Bußform als Bedingung für den Empfang der Kommunion natürlich undenkbar. Auch im Konzil 1215 ging es noch nicht darum, die Beichte als Bedingung für den Kommunionempfang vorzuschreiben. Hauptanliegen war vielmehr nur, den Sakramentenempfang zu intensivieren. Deshalb wurden die jährliche Beichte und die jährliche Kommunion zur Pflicht gemacht.

Im Konzil von Trient wurde 1551 präzisiert, daß die jährliche Kommunion zur Osterzeit vorgeschrieben ist, die Beichte nur für jene, die schwer gesündigt haben, und nur als Bedingung zum würdigen Empfang der Kommunion. Damit war die Eigenständigkeit und gegenseitige Unabhängigkeit von Beichte und Kommunion grundsätzlich durchaus festgehalten. In der Praxis aber entstand eine enge Zuordnung.

Im Jansenismus, einer rigoristischen Form kirchlicher Frömmigkeit von der Mitte des 16. Jahrhunderts an, wurde diese Zuordnung dann zur Bedingung gemacht. Wichtigstes Prinzip war die Heiligkeit der Eucharistie. Sie wurde immer deutlicher zum Altarsakrament (!), das man im Tabernakel anbeten und verehren konnte, das zum Schauen in der Monstranz (!) gezeigt wurde, im allgemeinen in der Kirche, zu seltenen Anlässen auch auf den Wegen und Feldern, mit dem man gesegnet werden konnte. Der Empfang der Eucharistie wurde zum seltenen Ereignis, auf das man sich mit größter Ehrfurcht vorbereitete. Die Kommunion sollte deshalb auch erst relativ spät empfangen werden. Die kleine heilige Theresia berichtet zum Beispiel, daß in ihrem sehr strengen Orden nur siebenmal im Jahr die Kommunion empfangen werden durfte. Üblich war der Kommunionempfang einmal jährlich, höchstens dreimal. Es war selbstverständlich, daß man dabei jeweils vorher zur Beichte ging. Die Beichte wurde dadurch von einer besonderen Form der Bußpraxis zum notwendigen und allein zureichenden Vorbereitungssakrament für den Eucharistieempfang.

Durch das Kommuniondekret Pius' X., das 1910 gegen die jansenistische Praxis wieder einen häufigeren und früheren Kommunionempfang empfahl, ergab sich ohne weitere Überlegung auch eine entsprechende Häufigkeit der Beichten. Mit Recht wurde festgestellt, daß in der ganzen Kirchengeschichte noch nie so viel gebeichtet wurde wie in den Jahren zwischen 1910 und 1970. Grund dafür war ohne Zweifel die zuvor zur Selbstverständlichkeit gewordene enge Verbindung von Beichte und Kommunion.

Erst in neuerer Zeit fallen die beiden Sakramente wieder mehr auseinander. Die Beichte bekommt dadurch wieder größere Selbständigkeit. Theologische und vor allem praktische Folgerungen sind daraus aber noch nicht ausreichend gezogen worden.

2.3 Die Beichte – ein kultischer Reinigungsritus?

Durch diese Entwicklung war die Beichte zu der *einzig möglichen* richtigen Disposition für den Empfang der Kommunion geworden. Diese Zuordnung zur Eucharistie wird in der Folge so eng verstanden, daß man die Tridentinische Vorschrift der Beichtpflicht vor jeder Kommunion – die Einschränkung „falls man eine schwere Sünde hat" war im rigoristischen Jansenismus völlig gegenstandslos, da fast jede Sünde schwer war – umkehren konnte: Man brauchte die schweren Sünden nur dann zu beichten, sich also der kirchlichen Bußpraxis nur zu unterwerfen, wenn man zur Kommunion wollte. Es ergab sich die absurde Konsequenz für Pastoral und Katechese, daß *die Menschen strenggenommen nicht wegen ihrer Sünden, sondern wegen der Kommunion zur Beichte gehen mußten.* Man wußte sich im Dauerzustand der Sünde. Motivation zur Beichte war deshalb nicht die Sünde, sondern die Kommunion, vor der dieser Dauerzustand durch ein sicheres Gegenmittel, eben die Beichte, kurz unterbrochen wurde.

Man suchte dieser Konsequenz in der Pastoral natürlich zu entgehen, indem man den möglichst häufigen Beichtempfang oder „wenigstens" die häufige Liebesreue empfahl, die aber nur für den überraschenden Todesfall, nicht für die Kommunion reichte.

- Wegen dieser engen Verbindung zog man es zum Beispiel vor, am Sonntagmorgen direkt vor dem Empfang der Kommunion zu beichten. Eine Nacht dazwischen war vor allem wegen der Sünden gegen das sechste Gebot gefährlich.
- Die Frauen gingen nicht deshalb öfter zur Kommunion, weil sie wegen der Hausarbeit zum Frühgottesdienst mußten, in dem allein die Kommunion ausgeteilt wurde, sondern sie waren nach allgemeiner Ansicht als „passiv Erduldende" (sicut lignum) von den Sünden gegen das sechste Gebot weniger betroffen und konnten deshalb öfter zur Kommunion gehen. Nicht soziale Vorgegebenheiten erzeugten eine kirchliche Praxis, die sich bis heute im Frauenüberhang in den Gottesdiensten auswirkt, sondern die kirchliche Praxis verursachte dieses soziale Verhalten.
- Noch heute ist es in katholischen Gebieten die Regel, daß die Kinder am folgenden Montag nach dem Erstkommunionsonntag nochmals gemeinsam zur Kommunion gehen und dafür

schulfrei erhalten. Anlaß für diesen Brauch ist die Annahme, daß die vorausgehende Beichte noch reicht, das heißt, daß wenigstens am Erstkommuniontag keine neuen Sünden hinzugekommen sind.

Die Beichte war also im allgemeinen Verständnis nicht so sehr Bußsakrament, sondern eher Vorbereitungsritus zum Empfang der Kommunion. Durch diese kirchliche Praxis werden in Wirklichkeit beide Sakramente halbiert. In der Beichte werden die Sünden getilgt, so daß man dann „reinen Herzens" zur Eucharistie gehen kann. Dabei wird die Beichte von einem Zeichen, das die neue Wirklichkeit eines Lebens mit Christus anzeigt und vermittelt, zu einem bloßen *Ritus, der in magischer Kraft die Sünden tilgt,* wenn er nur richtig gesetzt ist. Die Eucharistie wird zur Vereinigung mit Christus in exklusiver Zweisamkeit. Die nach außen drängende Kraft des neuen Lebens mit Christus wird eher unterschlagen.

- Erinnert sei an die schöne Geschichte, die vom heiligen Philipp Neri erzählt wird. Er sandte einem Mann, der öfter gleich nach der Kommunion aus der Kirche ging, einmal zwei Ministranten mit brennenden Leuchtern nach. Auf die Frage, warum er das tue, soll Philipp Neri geantwortet haben: „Er trägt Christus noch mit sich." Später also nicht mehr?
- Die Diskussion um die Reihenfolge von Erstbeichte und Erstkommunion wird weitgehend von diesem Verständnis der Beichte aus geführt. Wer nur deshalb, weil Kinder keine schwere Sünden begehen und also ohne Beichte die Kommunion empfangen können, für eine Reihenfolge Erstkommunion – Erstbeichte eintritt, akzeptiert zunächst die Voraussetzung, daß es in der Beichte nur um einen Ritus der Kommunionvorbereitung geht. Dieser Ritus ist aber nicht notwendig und für Kinder schädlich.
- Wer umgekehrt unter ausdrücklicher Ablehnung pädagogischer und psychologischer Gründe die Reihenfolge Erstbeichte – Erstkommunion verlangt, reduziert ohnehin die Be-

deutung der Beichte auf den Vollzug eines kirchlich vorgeschriebenen Ritus, weil er ja ausdrücklich auf jede positive lebensbezogene Motivation verzichtet.

Durch die ausschließliche Zuordnung zur Kommunion wird die Beichte also leicht zum magischen Ritual. Es handelt sich um eine *kultische Reinigung,* die als solche nicht ersetzbar ist. Die Beichte wird zum *sichersten* Weg der Sündentilgung, im Verständnis vieler auch zum *leichtesten.* Man braucht nur die Form einzuhalten. Alle anderen Formen der Bußpraxis sind abgewertet, weil sie nicht zum Empfang der Kommunion berechtigen.

- Die Diskussion, ob im Bußgottesdienst wirklich Sündennachlaß geschehe, ist nur von diesem Hintergrund her zu verstehen.
- Der Ausschluß von den Sakramenten für Geschiedene und Wiederverheiratete zum Beispiel ist deshalb so diskriminierend, weil er nach diesem Verständnis nicht nur eine bestimmte Zeichenhaftigkeit der Christusgegenwart meint, sondern die Christusgegenwart überhaupt. Die Verweigerung der Absolution kommt damit einem Verdammungsurteil gleich. Das war früher nicht so schlimm. Zu einer Zeit, in der alle Christen nur ganz selten zur Beichte und zur Kommunion gingen – der Sündenzustand war für alle normal –, konnte der Ausschluß von den Sakramenten sozial eher ertragen werden als heute.

In diesem „Reinigungsritus“ kommt es vor allem auf die genaue Einhaltung der Kultvorschriften an. Die Hauptvorschrift ist dabei das *vollständige und lückenlose Bekenntnis* der begangenen schweren Sünden. Denn nur die im Bekenntnis ausgesprochenen Sünden werden durch die Formel der Absolution getilgt.

Das Problem jeder Beichte war damit einseitig auf das richtige Bekenntnis und auf ein punktuelles Sündenverständnis festgelegt. Nur konkret faßbare Tatsünden sind ja eindeutig benennbar, können also auch in der Reinigungsformel getilgt werden. Aus diesem Grund kam es zum Vorrang der Kirchengebote (Sonntagspflicht, Fasten- und Abstinenzgebote, jährliche Beichte?, Osterkommunion) und des sechsten Gebotes. Im sechsten Gebot war aufgrund manichäischer Auffassungen, die dem Jansenismus sehr entsprachen, außerhalb der Ehe „alles" schwere Sünde und damit zu bekennen. Natürlich lauerten auch in der Ehe viele Gefahren auf diesem Gebiet. Denn geschlechtliche Lust und kultische Reinheit waren kaum in Einklang zu bringen.

Im allgemeinen Sprachgebrauch wird „Beichte" gleichbedeutend mit „Bekennen". Beichte wird auf das Bekenntnis eingeengt, das als Bedingung vom Menschen gefordert ist. Ihm steht der eigentliche Reinigungsritus gegenüber. So unangenehm das Bekenntnis der Sünden, besonders der Sünden gegen das sechste Gebot ist, es wird akzeptiert als vorgeschriebene *Gegenleistung* für die vollständige Reinigung.

- Das Bekenntnis entwickelt sich zum sichersten Mittel der Sündenvergebung. Es läßt sich leichter kontrollieren. Die im Bekenntnis genannten Sünden sind garantiert vergeben. Beichtskrupulanten übertragen konsequenterweise ihre Zweifel an der Sicherheit der Sündenvergebung auf das Bekenntnis. Sie bekennen alles als Sünde und die gleichen Sünden immer wieder.
- Am meisten unterstützt wird die Einengung der Beichte auf das Bekenntnis durch die These, zusammen mit dem Bekenntnis genüge die unvollkommene Reue, also die Reue aus Angst vor der Hölle, während man außerhalb der Beichte die vollkommene Reue, die Liebesreue, benötige. Der sichere Weg wird damit auch zum leichteren.

2.4 Beichte und Eucharistie: selbständige Zeichen für christliche Lebensgestaltung

Es ist falsch, die Beichte ausschließlich als Bedingung zum Eucharistieempfang zu verstehen. Dieser Zugang würde fast notwendig zu einem magischen Verständnis führen. Ein magischer Ritus bedarf aber keiner Begründung und auch keiner Reform. Man kann sich als aufgeklärter Mensch nur ganz dagegen stellen oder ihn sinnlos weiterpraktizieren.

Beichte bedeutet nach christlichem Verständnis nie isoliert Tilgung vergangener Schuld, die dann Vorbereitung zum Empfang des neuen Lebens in der Eucharistie wäre. Die Kommunion wird dabei als Belohnung für die Leistung des Bekenntnisses verstanden. *Buße und Umkehr,* auch in der Beichte, sind nur als *innere Konsequenz des geschenkten neuen Lebens* denkbar. Beichte und Kommunion sind also nicht mit Sündentilgung und Geschenk neuen Lebens gleichzusetzen, sondern jedes der beiden Sakramente enthält das Geschenk neuen Lebens, die Öffnung von Zukunft und darin eingeschlossen die Abkehr von der Sünde. Es handelt sich nur um verschiedene Formen, die verschiedenen Situationen menschlichen Lebens entsprechen. *Es geht immer um die Vermittlung des neuen Lebens und um die Annahme der Botschaft von der Herrschaft Gottes.* Wer das übersieht, hat keinen lebensbezogenen Zugang zum Sakrament der Beichte. Ebenso bleibt bei der Kommunion das Wort von der sündentilgenden Kraft der Eucharistie leeres Gerede.

Alle Sakramente tilgen Sünden und schenken neues Leben. Das gilt von der Taufe genauso wie von dem Bußsakrament und der Eucharistie. *Christliches Leben ist immer unteilbar zugleich Annahme der Herrschaft Gottes und darin eingeschlossen Abkehr von der sündigen eigenmächtigen Herrschaft des Menschen.*

Bei einer Reform der Beichte ist entscheidend, daß beide Momente ganz und in ihrer gegenseitigen Zuordnung möglichst deutlich zum Ausdruck kommen.

■ Ist es unter dieser Rücksicht tatsächlich falsch, wie L. Bertsch meint, wenn jemand „den möglichst frühen Empfang des Bußsakramentes damit begründet, daß man dem Kind, auch wenn es im eigentlichen Sinn des Wortes noch nicht sündigen könne, doch die Gnade des Sakramentes nicht vorenthalten dürfe" (L. Bertsch, Buße und Bußsakrament in der heutigen Kirche, Mainz 1970, 18)? Es gibt die *Erfahrung der Freude* nach einer guten Beichte, die nicht mit Schlagworten wie Verdrängung, Projektion, Ersatzhandlung, Flucht vor dem Leben usw.

schlecht gemacht werden darf. Und warum sollen Kinder diese Freude nicht erleben dürfen und können?

- Ist es christlich legitim, wie M. Leist sagt, Beichte als richtige *„Aufarbeitung" von Schuld* zu sehen und sie deshalb dem „selbstverantwortlichen Erwachsenen" vorzubehalten? Die Selbstverantwortung ermöglicht danach erst das Bekenntnis. Wird hier nicht die Beichte als „halbes" Sakrament und als Leistung mißverstanden und dann natürlich mit Recht dem Kind erspart? Man müßte es so allerdings auch dem Erwachsenen ersparen. Es bleibt die Frage, ob der folgende Satz nicht nur für eine schlechte Beichtpraxis stimmt, sondern für jede Beichte: „Nicht von der Beichte dürfen wir die Hilfe für das Kind erwarten, sondern allein von dem möglichst vollständigen Verstehen des Kindes durch die Erwachsenen, die seine Schuldgefühle akzeptieren, zugleich aber auch ihm zeigen, daß das, was geschehen ist, keine Katastrophe bedeutet" (M. Leist, Zur Aufarbeitung kindlicher Schulderlebnisse, in: KBl 99, 1974, 327). Eigentlich müßten wir nach den Erfahrungen der letzten Jahre vorsichtiger geworden sein, was die Verstehensmöglichkeiten des Menschen betrifft. Die Eltern entlasten das Kind mit Hilfe ihrer eigenen Wertvorstellungen, wenn sie „verstehen". Das bedeutet eine Hilfe, aber sicher auch eine Gefahr. Die kritik- und distanzlose Übernahme elterlicher Lebensvorstellungen ist nicht weniger problematisch, wenn sie antiautoritär „liebevoll" vor sich geht. Um es im konkreten Beispiel zu sagen: Was hilft dem Kind bei der Bewältigung seiner Schuldgefühle mehr: das möglichst vollständige Verstehen des Erwachsenen oder die Erfahrung, daß seine Eltern auch beichten gehen?

  (Die beiden letzten Fragen bedeuten noch kein Votum für eine Reihenfolge Erstbeichte – Erstkommunion. Sie richten sich allerdings gegen die Argumentationsebene, auf der von beiden Seiten aus häufig argumentiert wird.)
- Bedenklich ist unter einer ganzheitlichen Sicht der Buße auch die Tendenz, das Bekenntnis in ein *geistliches Gespräch* umzu-

funktionieren. Damit ist selbstverständlich nichts gegen ein geistliches Gespräch gesagt, auch nichts dagegen, daß die Beichte vom Beichtstuhl heraus verlegt werden kann. Aber wird hier noch die Beichte selbst reformiert? Handelt es sich nicht um eine Ersatzlösung, die etwas anderes ist? Ist ein therapeutisches Gespräch tatsächlich dasselbe wie ein Bekenntnis? Ist es richtig, statt Gewissenserforschung „Selbstwahrnehmung" zu sagen, weil dieser Begriff wertneutraler ist (T. Brocher, Schuld und Trauer – Zur Psychoanalyse der Beichte, in: KBl 99, 1974, 301ff)? Macht es nicht gerade den Wert der Beichte aus, daß die Gewissenserforschung nicht als wertneutrale Selbstwahrnehmung erfolgen muß, wobei doch unbemerkt bestimmte Wertvorstellungen von menschlicher Ich-Identität einfließen, sondern daß hier „Selbstwahrnehmung" unter der Vorgabe erfolgt, daß wir als Sünder von Gott angenommen sind? Es handelt sich nicht um eine wertneutrale Selbstwahrnehmung, bei der man zum Beispiel auch positive Punkte sammeln soll. Es handelt sich im Gegenteil um eine Selbstwahrnehmung, die in dem Glauben geschieht, daß der Mensch sich nicht selber rühmen muß, weil er von Gott, so wie er ist, schon angenommen ist. Welche Selbstwahrnehmung ist richtiger?

Innerhalb der Sakramente, besonders für die Unterscheidung von Beichte und Eucharistie, gilt also dasselbe wie innerhalb der verschiedenen Formen der kirchlichen Bußpraxis, also zum Beispiel für die Unterscheidung von Bußgottesdienst und Beichte. Die Beichte muß selbständig für sich aus ihrer besonderen Form einsichtig gemacht werden und von daher den einzelnen zum Überdenken seiner Praxis motivieren. Diese besondere Form der Beichte wird von der Kirche für wertvoll und hilfreich erachtet und zu den sieben Sakramenten gezählt. Deshalb ist die Form als solche aber nicht tabu. Sie darf und muß auf ihre Lebensbedeutung und ihren Sinn hin befragt werden. Sonst würden andere nichtsakramentale Formen der Bußpraxis abgewertet, die Beichte selbst würde *als Bedingung für den Eucharistieempfang zum Gesetz.* Die Christen reagieren richtig, wenn sie *diese* Beichte nicht mehr mitmachen und dennoch zur Kommunion gehen. Denn in der Alternative von Gesetz und Leben gibt es christlich keine Wahl. Jesus hat vom Gesetz befreit und Leben „gratis" gebracht.

Etwas anderes ist es, wenn die Beichte selbst nicht Gesetz ist, sondern Leben bedeutet, wenn also in der Beichte beides, Sündenvergebung und neues Leben in Christus, erfahrbar wird. Für den konkreten Vollzug ist „die Angepaßtheit an die Lebenssituation wichtiger als die Frage nach der Sakramentalität oder Nicht-Sakramentalität einzelner Bußformen" (H. B. Meyer, Fragwürdige Bußpraxis, in: Lebendige Seelsorge 24, 1973, 128).

3 Einzelbekenntnis und persönliche Absolution

3.1 Das Zweite Vatikanische Konzil

„Ritus und Formeln des Bußsakramentes sollen so revidiert werden, daß sie Natur und Wirkung des Sakramentes deutlicher ausdrücken" (Liturgiekonstitution des Zweiten Vatikanischen Konzils, 72).

In dieser Aussage des Konzils sind die bisherigen Überlegungen nochmals zusammengefaßt. Es geht einmal um *eine Revision der Riten und Formeln des Bußsakraments,* nicht um eine Ersatzlösung. Denn die Riten sind keine unverständlichen magischen Handlungen, mit denen die Wirkung der Sündenvergebung gekoppelt ist, sondern sie sollen die Wirkung selber ausdrücken, also verständlich sein im Vollzug. Mit dem Argument: „Sünden werden auf vielerlei Arten von Gott vergeben, zum Beispiel im Bußgottesdienst oder auch unabhängig von jeder gemeinsamen Form"; wird die Beichte nicht überflüssig gemacht. Denn es geht um die *Ausdruckswirklichkeit dieser Sündenvergebung,* die beim Menschen in verschiedenen Lebenssituationen reale Veränderungen bewirken soll. Beichte läßt sich deshalb durch Bußgottesdienste nicht ersetzen, allerdings auch Bußgottesdienst nicht durch Beichte. Die verschiedenen Formen der Buße entsprechen verschiedenen Situationen menschlichen Lebens, in denen Sündenvergebung notwendig sein kann. Die persönliche Anforderung in der Beichte ist anders als in dem mehr auf die versammelte Gemeinde und auf das Kirchenjahr bezogenen Bußgottesdienst.

Zum anderen muß *die Natur und Wirkung des Bußsakramentes* deutlicher zum Ausdruck gebracht werden. „Sündenvergebung" bezeichnet dabei nur den einen Aspekt dieser Wirkung, die zuerst Wiederherstellung der Gemeinschaft mit Gott ist. Sündenvergebung ist die innere Konsequenz dieser Wirkung, durch die der Mensch wieder neue von Gott geschenkte Zukunft für sein Leben erhält. Wie schon gesagt: Es ist nicht so, daß in der Beichte nur Sünden vergeben werden und in der Eucharistie erst die Gemeinschaft mit Gott geschenkt wird. Die Beichte bekommt so nur einen falschen Akzent bei der Sündensuche und beim Bekenntnis. Natur und Wirkung des Bußsakraments werden eher verdeckt, nicht besser zum Ausdruck gebracht.

3.2 Eigenverantwortung in der Beichte

Inwiefern ist die Beichte für Christen anthropologisch sinnvoll und notwendig, so daß trotz der Fehlentwicklungen in letzter Zeit, die zu einem starken Rückgang der Beichtenden geführt haben, eine Neubegründung versucht werden soll?

Dabei soll nicht die Berufung auf Dekrete und Rechtsvorschriften motivieren. Die Begründung für die Beichte kann auch nicht einfach mit der allgemeinen Umkehrforderung eines christlichen Lebens ausreichend gegeben werden. Es muß vielmehr innerhalb der für jeden Christen notwendigen Umkehr die besondere Form der Beichte in ihrer Funktion einsichtig gemacht werden.

Das Besondere an der Form der Beichte ist ohne Zweifel das Einzelbekenntnis und die persönlich zugesprochene Absolution.

In welchen Situationen menschlichen Lebens ist diese Form der kirchlichen Buße, in der die Vergebung dem einzelnen und für klar abgegrenzte und benannte Bereiche zugesprochen wird, besonders geeignet?

Allgemein läßt sich sagen, daß die Beichte immer dann angebracht ist, *wenn der Mensch durch die Sünde seine Individualität zu verlieren beginnt.* Ein Wesensmerkmal der schuldigen Situation des Menschen ist, wie jeder aus eigener Erfahrung im zwischenmenschlichen Bereich weiß, die Blindheit vor dieser Situation und die Unfähigkeit, sie sich und anderen einzugestehen. Diese Blindheit wird noch ideologisch unterbaut durch den Hinweis auf die gesellschaftlichen Bedingungszusammenhänge, die jede Schuld und jede Verantwortung eines einzelnen unmöglich erscheinen lassen.

Die nivellierende Tendenz, die daraus folgt, hat inzwischen in vielen Bereichen zu einer Gegenreaktion geführt. Das Bedürfnis nach Einzeltherapie und nach Beratungsgesprächen, in denen der einzelne sich seiner persönlichen Problematik bewußt werden kann und darin zur Konfrontation gezwungen wird, war noch nie so groß wie heute. Im pädagogisch-sozialen Bereich hat die Supervision die unentbehrliche Aufgabe, zusammen mit einem Fachmann das individuelle Verhalten zu reflektieren, Fehler zu korrigieren und so Veränderungen zu ermöglichen.

Natürlich sind deswegen die psychosozialen Faktoren in ihrer Bedeutung für die Entfaltung menschlichen Lebens nicht zu übersehen. Ihre stärkere Beachtung in den letzten Jahren hat wesentlich zur Entwicklung eines Sozialbewußtseins beigetragen, daneben allerdings auch zu stärkerer Fremdbestimmtheit und zu Verlust an Eigenverantwortung.

Die Beichte ist die kirchlich institutionalisierte Form der Bußpraxis, in der dieses Bedürfnis nach individueller Entfaltung jedes einzelnen am stärksten zum Ausdruck kommt. Die Gewissenserforschung für das Bekenntnis fordert jeden Menschen ganz persönlich, steht aber von vorneherein unter dem sicheren Glauben an die Kraft der Erlösung durch Jesu Tod am Kreuz. Sie kann deshalb frei und ungeschminkt erfolgen, ohne Angst vor Verurteilung durch andere, die sich in menschlicher Verachtung äußern könnte. Der Mensch kann kraft dieses Glaubens zu seiner Individualität stehen. Er braucht die Gebrochenheit seines Menschseins weder in falscher Selbsteinschätzung leugnen noch als Ergebnis seiner Umweltbedingungen resignativ stehenlassen. Er muß die Bedeutung seines Lebens nicht herunterspielen, um so seine Verantwortlichkeit zu verkleinern. Im Wissen um „die Realität seiner eigenen Utopie" kann er zu seiner gegenwärtigen Wirklichkeit ohne Fatalismus stehen.

In der Gewissenserforschung handelt es sich *nicht um eine wertneutrale Selbstwahrnehmung.* Es handelt sich um die Selbstwahrnehmung eines Menschen, der weiß, daß er mit dem gefundenen „Selbst" gerade nicht leben und fertig werden muß, sondern daß er realistisch dazu stehen kann, weil er die Möglichkeit eines Neuanfangs schon sicher hat.

■ Es gibt überhaupt keine neutrale Gewissenserforschung. Je nach den Umständen fällt eine Gewissenserforschung verschieden aus: Ein Schüler, der zum Direktor gerufen wird; ein Autofahrer, der gerade von der Polizei gestoppt wird; ein Kind, das mit der Mutter zusammen am Abend den Tag überdenkt; ein Patient, der beim Psychotherapeuten eine Analyse macht; ein Ehepaar, das gemeinsam die vergangene Zeit in der Ehe reflektiert; ein Exerzitienteilnehmer, der eine Lebensbeichte vorbereitet.

■ Welche Selbstwahrnehmung ist realistischer? Jene, in der als Ergebnis schon der Spruch feststeht: „So ist der Mensch"? Letztlich wird dabei die eigene Defizienz als Ergebnis ungünstiger Bedingungen gesehen und begründet. Die unübersehbare Gebrochenheit der eigenen Identität wird fatalistisch gedeutet, das Streben nach Selbstverwirklichung zur sinnlosen Utopie erklärt. Oder jene, die im Glauben an die Möglichkeit neuen Lebens die Defizienz klar sieht und sich radikal dagegen auflehnen kann?

3.3 Die Beichte als Sakrament der Mündigkeit

Nach einem weitverbreiteten Mißverständnis wird die Beichte als Sakrament gesehen, das in besonderem Maß die *Mündigkeit des erwachsenen Christen* voraussetzt. Was heißt hier „mündig"? Eine Fähigkeit, mit deren Hilfe der Mensch zu einer realistischen Selbstwahrnehmung und von dort gezielt zu eigener Lebensgestaltung kommen kann? Wann ist der Mensch so weit? Mit der Volljährigkeit, mit der Etablierung in Ehe und Beruf?

Mit der Mündigkeit soll nicht einfach ein langweiliger und unbeweglicher Zustand umschrieben sein, in dem der Mensch wenigstens nach außen einen stabilen Eindruck macht, weil er sich mit seinem Leben abgefunden hat und weil er sich gar keine Ziele mehr steckt. Mündigkeit schließt im Gegenteil Beweglichkeit und Fähigkeit zu Veränderungen in jeder Phase des Lebens mit ein. Mündigkeit in diesem Sinn ist kein Zustand, sondern eine dauernde Aufgabe, die dem Menschen in jedem Alter und in jeder Lebenssituation gestellt ist. Da sich die Möglichkeit und die Fähigkeit zu Veränderungen im Sinn einer aktiven Lebensgestaltung und die Selbstwahrnehmung wechselseitig bedingen, meint Mündigkeit für jeden Menschen und für jedes Lebensalter etwas anderes. Ein Kind hat andere Aufgabenbereiche als seine Eltern, um mündig zu werden, Körperbehinderte andere als Gesunde, alte Menschen andere als junge. Spräche man einer bestimmten Gruppe, zum Beispiel dem Kind, die Aufgabe zur Mündigkeit ganz ab, würde man es zum bloßen Objekt der pädagogischen Bemühungen seiner Eltern machen.

Die Erfahrung zeigt, daß die Schwierigkeiten oder auch die Unmöglichkeit solcher Veränderungen beim Menschen sehr rasch wieder zu Fatalismus führen oder aber zu einer Trübung der Selbstwahrnehmung in wichtigen Bereichen. Beichte setzt die Fähigkeit zu klarer Selbstwahrnehmung und zu gezielter Veränderung nicht einfach voraus, sondern will beide ermöglichen, weil sie unter der Verheißung neuen Lebens stehen. Eine Beichte, die die Mündigkeit voraussetzt, ist keine mehr. Befreiung wird nicht vom Vergebungszuspruch erwartet, sondern von der gründlichen Selbstanalyse und deren Konsequenzen. Das ist eine Art Selbsterlösung aus Anlaß des Ritus einer Beichte.

Das Schuldbekenntnis in der Beichte ist also nicht die geforderte Vorleistung des mündigen Christen, auf die dann das befreiende Wort der Vergebung folgt. Das Schuldbekenntnis geschieht von vornherein im Glauben an die Befreiung von dieser Schuld und die Möglichkeit eines Neuanfangs. Das Bekenntnis ist nicht der erste schwierige, vom Menschen zu erbringende Teil, sondern es stellt bereits den Anfang der Befreiung selbst dar. Statt Entschuldigungen zu bringen, die auf der vielfältigen Abhängigkeit des Menschen gründen und seine Eigenverantwortung mindern, ihn also depersonalisieren, kann der Mensch Verantwortung übernehmen. Trotz der Vorgegebenheiten, in denen er eingebunden ist, bleibt seine Entscheidung und seine Tat wichtig. Noch mehr: Im Bekenntnis werden eine kleine Inkonsequenz, eine kurze Feigheit, ein harmlos scheinendes Übergehen des Nächsten, ein gewöhnliches, unüberlegtes Dahinleben und Sich-Treiben-Lassen erst in ihrer ganzen Tragweite auf das Leben hin sichtbar. Der Mensch wird im Bekenntnis mündig, weil er *im Anschauen seines Lebens vor dem gnädigen Gericht Gottes die wirklichen Dimensionen seines Verhaltens in den Blick* bekommt.

- Der traditionelle Anfang vieler Beichten: „Ich habe die täglichen Gebete vergessen“, oder: „Ich war unandächtig“, den kaum jemand noch ernst genommen hat, wird auf die Schlamperei, Zerfahrenheit und Ziellosigkeit des Lebens beziehbar und deshalb bedeutungsvoll.
- Im versäumten Sonntagsgottesdienst zeigen sich nicht bloß Vergeßlichkeit oder Arbeitsüberlastung, sondern auch unbemerkt entstandene Wertordnungen, die das Leben aber nicht bestimmen, weil sie je nach Stimmung und Laune geändert werden können. Sie haben Alibifunktion und verschleiern die Bedeutungslosigkeit, die man sich und seinem Tun selber zumißt.

- Eine kleine Nachlässigkeit dem Nächsten gegenüber kann auf ihre beziehungszerstörende Rolle hin durchsichtig werden.

Die Frage nach der schweren Sünde muß von daher nochmals bedacht werden. In einer sogenannten „realistischen Selbstwahrnehmung" kann es eigentlich überhaupt keine schweren Sünden geben. Alles ist in seinen Zusammenhängen verstehbar und zu entschuldigen. Das Bekenntnis stellt aber gar kein Aufzählen von Fehlern dar, die in einer solchen Selbstwahrnehmung gefunden werden. In der Gewissenserforschung zur Beichte wird das eigene Leben *mit den Augen Gottes* gesehen. Die ganze Verstrickung einer Tat macht sie nicht kleiner, sondern größer. Der notwendige Neubeginn, unter dessen Verheißung das Bekenntnis steht, muß ja auch die Tat in ihrer vollen Dimension, das heißt mit ihren Hintergründen und Konsequenzen, umfassen, soll er Aussicht auf Erfolg haben.

- Bekannt sind die Märchen, in denen einem drei Wünsche offenstehen. Der gewöhnliche Mensch „ver-wünscht" sich immer, weil er seinem Leben keine Bedeutung zugesteht und deshalb die Wünsche nicht einordnen kann. Sie werden maßlos. Ihre Erfüllung erdrückt den Menschen. Nur der positive Held kann, bezogen auf sein Leben, Sinnvolles und deshalb auch bescheiden wünschen.

3.4 Die Beichte – Zeichen für den Bruch zwischen altem und neuem Leben

In der Form der Beichte wird durch das Einzelbekenntnis und die persönliche Absolution mehr als in anderen Formen der Bußpraxis die konkrete Änderung des neuen Lebens gegenüber dem bisherigen alten Leben hervorgehoben. In der Beichte gibt es also keine sanften Übergänge, keine faulen Kompromisse. Tod und Leben lassen keine dritte Möglichkeit zu. Es geht um einen radikalen Bruch, für den die Bibel häufig dieses Bild von Leben und Tod gebraucht. Der Sache nach trifft das natürlich für jede echte

Umkehr zu. Im Vollzug der Beichte wird der Bruch aber besonders sichtbar. Ihre Einzelteile betonen das Ende des alten und die Realität des neuen Lebens.

„In den Bußakt ist ja ein klares Wissen um die Vergangenheit einzubringen: die einzelne Tat und die Haltung, deren Spiegel sie ist; die Umstände und der geheime Wurzelgrund des Geschehens. Eine traditionelle Sakramentenpastoral hat diese Elemente unter dem Stichwort ‚Reue' zur gebotenen Disposition für den Empfang des Bußsakraments gezählt; eine mehr biblische Betrachtung des Bußakts findet sie wieder als einen der beiden Aspekte von Metanoia. Das allgemeine Wissen um die Schuldhaftigkeit des Menschen schlechthin und um eine eigene unvollkommene Vergangenheit ist als Ansatzpunkt für die Umkehr unzureichend. Die Erkenntnis der Verfehlung braucht eine Artikulation im Wort; die Sünde muß mit ihrem ganzen Horizont ein Gegenstand der Reflexion geworden sein" (P. J. Cordes, Einzelbeichte und Bußgottesdienst, in: Stimmen der Zeit, 1974, H. 1, 27).

Cordes weist mit Recht auf den Sinn dieser Artikulation hin. Die Vergangenheit wird viel präziser erfaßt, wenn sie im Wort formuliert ist, als wenn sie bloß bedacht wird. Der Sinn des Tagebuchs, des lauten Denkens, des Aussprechens liegt gerade in der deutlicheren und konzentrierteren Erfassung des Gedachten. Die Gefahr der Oberflächlichkeit und des Verdrängens ist viel geringer.

■ „Das habe ich getan – sagt mein Gedächtnis. Das kann ich nicht getan haben – sagt mein Stolz und bleibt unerbittlich. Endlich gibt das Gedächtnis nach" (Fr. Nietzsche, Jenseits von Gut und Böse, Stuttgart 1959, 78).

Es besteht natürlich noch ein großer Unterschied zwischen dem Aufschreiben auf der einen Seite und dem Bekennen auf der anderen Seite. Das Bekennen in der Beichte ist mit den anthropologischen Gesetzen der Bewußtwerdung noch nicht ausreichend begründet. Die Intentionalität der Bewußtwerdung in der Gewissenserforschung spielt eine entscheidende Rolle. Es geht um eine Bewußtwerdung der Vergangenheit unter dem besonderen Ziel der Umkehr, nach der traditionellen Sakramentenpastoral unter dem besonderen Ziel der Reue. Diese Vergangenheit wird also abgelehnt. Eine Änderung des bisherigen Lebens ist als notwendige Konsequenz miteingeschlossen.

- Hat die Angst vor dem Bekenntnis in der Beichte wirklich immer die Scham und die Sorge um Prestigeverlust bei einem anderen Menschen zur Ursache? Ist es nicht eher die Scheu vor den Konsequenzen, die ein konkretes Schuldbekenntnis im eigenen Leben hat? Da müßten plötzlich lange liebgewordene Gewohnheiten aufgegeben werden: da müßte sich vielleicht der Tageslauf ändern, die Fernsehgewohnheiten, Bekanntschaften. Das alles ist mühsam und unbequem. Will man das Rauchen einstellen, hat man selten Erfolg, wenn man die tägliche Ration nur allmählich kürzt. Ohne harten Bruch geht es nicht.
- Bekenntnisse werden heute eher leicht abgegeben. Der große Zulauf bei den Psychotherapeuten beweist, daß nicht die Scham vor einem anderen Menschen der wirkliche Grund für die Ablehnung der Beichte ist. Öffentliche Bekenntnisse in allen Formen sind fast Mode geworden. Sie werden als besonderer Ausdruck von emanzipativem Verhalten geschätzt. Ist ein trotziges Zu-sich-Stehen: „So bin ich!" nicht doch einfacher als ein für die Lebensgestaltung folgenreicheres Bekenntnis in der Beichte: „So will ich nicht sein, und so bin ich kraft der Rechtfertigung durch Gott nicht!"

Das Bekenntnis in der Beichte ist begründet in dem Wissen und in der Erfahrung, daß die Umkehr nicht durch eigene Leistung möglich ist, sondern ausschließlich als Geschenk von Gott. Soll dieser im evangelischen und im katholischen Bekenntnis gleichermaßen unbestreitbare Kernsatz der Gnadenlehre nicht bloße Vokabel bleiben, dann muß er im Vollzug des christlichen Lebens auch wirksam zum Ausdruck gebracht werden. Genau das geschieht in der Beichte besonders deutlich.

Das Bekenntnis ist Ausdruck des Glaubens, daß eine Distanzierung von der eigenen Vergangenheit möglich ist, weil in der Absolution eine neue Zukunft von Gott eröffnet wird. Dabei gründet die Realität dieser Zukunft in fest umrissenen Bereichen der verfehlten Vergangenheit. Dieses konkrete Leben, so wie es ist, wird verändert und neu.

■ Wer kennt nicht den Wunsch nach einem Bruch mit der eigenen Vergangenheit, der illusionär bleibt, weil er die Vergangenheit auslöschen will? Wenn ich nochmals mit der Schule beginnen könnte, sagt der Schüler und vergißt dabei, daß er jetzt gezielt arbeiten müßte. Wenn ich eine Freundschaft neu anfangen könnte, sagt ein Jugendlicher nach seiner ersten großen Enttäuschung und übersieht, daß dieses Wunschdenken ihm nur ermöglicht, sein egoistisches und unreifes Fehlverhalten über die kritische Zeit der Erschütterung unmittelbar nach dem Bruch hinwegzuretten, also nichts bei sich ändern oder lernen zu müssen.

Man hört oft als Begründung für das Bekenntnis in der Beichte: Der Beichtvater muß die Sünden wissen, um die Absolution geben zu können. Diese Argumentation ist zu kurz. Das Einzelbekenntnis ist nicht deshalb erforderlich, weil eine Absolution sonst nicht denkbar wäre. Das Einzelbekenntnis ist nur *als Ausdruck der absoluten Ernsthaftigkeit des Bruchs* mit der Sünde und des neuen Lebens notwendig und sinnvoll.

Das Bekenntnis gilt nicht dem Priester als Menschen. Eine Überlegung zeigte schon, daß für den modernen Menschen im Bekennen als solchem kein besonderes Problem liegt. Das Problem beim Bekenntnis in der Beichte besteht vielmehr darin, daß es dem Priester in seiner Rolle als Stellvertreter Gottes gilt. Man kann sich von Gott nicht die Vergebung für bestimmte Sünden zusprechen lassen, ohne diese Sünden ernsthaft in seinem Leben zu verurteilen, wie Gott das tut. Die Scheu vor dem Bekenntnis in der Beichte gründet in dieser Ernsthaftigkeit, nicht so sehr im

Gegenüber eines Menschen. Durch diese Ernsthaftigkeit, die in einem Bekenntnis vor Gott liegt, wird das Bekenntnis zu Recht schwer. Es ist entsprechend dieser Überlegung eine sehr subtile Flucht, die den wahren Sachverhalt in sein Gegenteil verkehrt, wenn jemand sagt: Ich bekenne meine Sünden nur vor Gott, aber nicht vor Menschen. In Wirklichkeit entflieht er dem ernsthaften Anspruch, der in der persönlichen Vergebungszusage durch Gott liegt. Er weicht nicht in vertiefte Innerlichkeit aus, wie er meint, sondern in pauschale Oberflächlichkeit.

Die Wirklichkeit der Vergebung und damit die Wirklichkeit des neuen Anfangs, durch den die Suche nach eigenverantwortlicher Existenz bestätigt und überhaupt ermöglicht wird, ist mit dem richterlichen Charakter des Bußsakramentes gemeint, nicht aber eine unbrüderliche Machtstellung eines Beichtvaters. Der Beichtvater ist, sosehr seine Vergebungszusage richterlichen Charakter hat, nur Verwalter und Diener. Der amtliche Auftrag bedeutet zugleich eine Entlastung für ihn. Er muß nicht nach eigenem Gutdünken abwägen und messen und dann entscheiden. In seinen Fragen, in der Art des Zuspruchs, in seinem ganzen diskreten Verhalten, in der Formulierung der Gebete, in der Auferlegung der Buße, selbst in der Verweigerung der Absolution kommt dieses Selbstverständnis zum Ausdruck. Im Tun des Beichtvaters kommt es auf die Interpretation der Absolution hin auf die konkrete Situation des Sünders an. Das ist die notwendige brüderliche Hilfe, die ein Beichtvater dem einzelnen schuldet, damit er die Absolution in ihrer Wirksamkeit und Ernsthaftigkeit erfahren kann.

■ Wie viele Priester bereiten sich auf den Beichtstuhl noch durch Gebet wirklich vor, wie es der Ordo für das Bußsakrament ausdrücklich empfiehlt? Die brüderliche Solidarität und die Ernsthaftigkeit der Beichte müßten eigentlich die in Priesterkonferenzen beliebten Beichtwitze unmöglich machen. Kann ein Priester noch Beichte abnehmen, wenn er selbst nicht mehr beichtet?

Einzelbekenntnis und persönliche Absolution in der Beichte sind Zeichen, die den Menschen in einer Eigenverantwortung besonders ernst nehmen. Geht man von dieser selbständigen Begründung der Beichte aus, so ergibt sich durchaus eine sinnvolle Beziehung von Beichte und Bußgottesdienst und von Beichte und Kommunion. Ein Bußgottesdienst kann eine Beichte, die den Bruch mit der Sünde in der individualen Biographie deutlicher anzeigt, vorbereiten, allerdings auch umgekehrt eine Beichte den Bußgottesdienst, in dem die Solidarität in Sünde und Erlösung klarer sichtbar wird. Dasselbe gilt vom Eucharistieempfang. Eine Beichte kann vor der Eucharistie angemessen sein, weil die Eucharistie, soll sie mehr als oberflächliche, sentimentale Gemeinschaftsidylle sein, auf die Integration des einzelnen in seiner Individualität abzielt. Umgekehrt kann der Empfang der Eucharistie aber genauso auch zu einer Einzelbeichte motivieren und vorbereiten, weil in einer echten Gemeinschaft auch der einzelne Mensch als er selber stärker zur Geltung kommt und gefordert wird.

ZWEITES THEMA

Wege und Hilfen zum persönlichen Bekenntnis

Von Wolfgang Feneberg SJ

Ein alter Katechismussatz sagt, daß der Christ in der Beichte die Sünden nicht dem Priester, sondern Gott bekennt. Darin liegt der grundlegende Unterschied zwischen der Beichte und den anderen Möglichkeiten des Menschen, sich zu verändern und neu anzufangen. In der Beichte drückt sich dieser Unterschied im Ritual aus. *Das Ritual ist eine Provokation* – besonders heute – für den Menschen, da es in seinem Wesen die verstehbaren Regeln der Kommunikation und die vom Menschen gemachten Regeln der Begegnung sprengt. In der Beichte handeln Priester und Beichtender nicht aus eigener Macht, sondern im Auftrag Gottes. Das Ritual setzt den Glauben voraus und eröffnet deshalb ein Bekenntnis, das in Art und Inhalt nicht von Mensch zu Mensch gemacht wird, sondern Gott gegenüber. Der ‚Maßstab' ist das Gesetz Gottes – die Zehn Gebote. Die Vergebung wird im Ritual geschenkt, zugesagt vom Priester als Stellvertreter Gottes.

Die Beichte beginnt in der Vorbereitung. Letztlich wird schon dort entschieden, ob die Beichte gelingt oder mißlingt. Ähnlich ist es in der Psychologie. Im Annehmen der Regeln von Supervision, in der Bereitschaft, sich einer Einzeltherapie zu unterziehen, in der Anmeldung zu einem Sensitivity-Training wird bereits weitgehend über Erfolg oder Mißerfolg der entsprechenden psychologischen Maßnahme entschieden. Durch die Unterstellung unter die Regeln einer Methode – das Ritual – wird erreicht, daß der Raum des Alltäglichen und Gewohnten verlassen wird und neue, verändernde Bedingungen geschaffen werden. *Der Mensch begibt sich auf einen Weg.* Deshalb müssen die Überlegungen zur Verlebendigung der Beichte schon bei ihren Voraussetzungen beginnen. Nur wenn die persönliche Vorbereitung auf die Beichte – Gewissenserforschung und Reue – halbwegs gelingt, kann der einzelne die Beichte sinnvoll vollziehen.

Die kirchliche Bußpraxis hat sich vielfach verändert. In allen Veränderungen aber wurde durchgehalten, daß nur von der persönlichen Einsicht in die eigene Sünde und deren Bedeutung her Buße möglich ist. Das erfordert, daß der Christ auf der Kommunikations- oder Beziehungsebene, der *Ebene des Gefühls und auf der inhaltlichen Ebene* gleichermaßen gefordert ist, Umkehr und Buße vorzubereiten und zu ermöglichen. Einsicht und gefühlsmäßige Betroffenheit sind nicht zwei verschiedene Möglichkeiten, um zur Umkehr zu kommen, sondern in gleichem Maße nötig zu dem einen Akt der Buße oder Beichte; denn die Buße ist eine *Anforderung an den ganzen Menschen.* Intellektuelles Wissen um die eigenen Vergehen ohne bewußte Schuldgefühle führt zu Hochmut oder Resignation, nicht zur Veränderung. Schuldgefühl ohne Wissen um die Ursachen erzeugt Minderwertigkeitskomplexe oder Aggressionen.

Ein Vierzehnjähriger hat sich im Internat ans Haschen gewöhnt. Anfangs war es für ihn ein Spiel – er hatte Schuldgefühle. Nach einem Jahr brauchte er das Rauschgift. Jetzt sagte er: „Haschisch ist ungefährlich; was die Leute dagegen sagen, sind bürgerliche Vorurteile." Als sein Vater davon erfuhr, war er nicht so sehr darüber entsetzt, daß sein Sohn haschte, sondern darüber, daß man mit ihm nicht mehr reden konnte. „Er ist verlogen" – das war das Urteil des Vaters. Tatsächlich konnte man mit diesem Jugendlichen über seine Probleme erst wieder reden, als er sich seiner Abhängigkeit vom Rauschgift so bewußt wurde, daß er darunter zu leiden begann.

Im Katechismus finden sich zwei Aspekte der Vorbereitung auf die Beichte, die diesen Zusammenhang zwischen gefühlsmäßiger Betroffenheit und inhaltlich-intellektueller Einsicht aufnehmen und darstellen: Gewissenserforschung und Reue. *Die Gewissens-*

erforschung ist der Weg zur Einsicht in das, was ich getan habe. Die Reue ist der Weg zur Selbsterkenntnis, zum Erspüren, wer ich bin. Gewissenserforschung und Reue sind zusammen der eine Weg zum persönlichen Bekenntnis, das Voraussetzung dafür ist, daß der Christ in der Beichte von Gott die Zusage der Vergebung, Kraft zum Neuanfang und Führung zu neuem Verhalten erfährt. Anliegen der folgenden Überlegungen zu Gewissenserforschung und Reue ist es, dem einzelnen Anregungen und Hilfen zu geben für den eigenen Versuch eines persönlichen Bekenntnisses und damit für die richtige Beichtvorbereitung.

1 Gewissenserforschung

Viele sagen zur Beichte: „In den Beichtstuhl bringt mich keiner mehr rein", „was versteht der Pfarrer schon von meinen Problemen", „mit einem Freund kann ich offener reden". Manche sagen: „Ich weiß gar nicht, was ich beichten soll", „ich geh' nicht mehr, weil es immer wieder dasselbe ist, was ich sagen müßte". Kaum einer sagt: „Ich habe nicht genügend gelernt, mein Gewissen zu erforschen." Trotzdem dürfte in der Unsicherheit und Unfähigkeit zur Gewissenserforschung eine der Ursachen liegen für alle genannten Probleme und damit für den Rückgang der Beichte. Wenn die Gewissenserforschung nicht gelingt, wird das Bekenntnis zur Schablone und zu einer *Mitteilung an den Priester,* der den Beichtenden nicht so gut kennt wie der Freund. Die Beichte verliert ihren Charakter, *Bekenntnis vor Gott* zu sein, und ihre Chance, *Begegnung zwischen dem gnädigen Gott und dem sündigen Menschen* zu werden. In der Gewissenserforschung, die vor Gott geschieht, werden menschliche Voraussetzungen für den Sakramentenempfang geschaffen; darin wird die Qualität einer Beichte sichtbar. Das Konzil von Trient hat dies in der Feststellung zum Ausdruck gebracht, daß eine Beichte nur dann gültig ist, wenn beim Beichtenden Glaube und angefangene Hoffnung Gott gegenüber vorhanden sind.

Erfahrungen mit der Gewissenserforschung nehmen vielen den Mut dazu und lassen sie an ihrem Sinn zweifeln. Pfarrer und Laien erfahren in der Rolle des Priesters und des Beichtenden, daß der *Inhalt des Bekenntnisses oft schablonenhaft* ist und nur selten Ansatzpunkte zur Umkehr beinhaltet. „Ich habe unandächtig gebetet, die heiligen Namen im Zorn ausgesprochen, zweimal die Sonntagsmesse nicht besucht, ich war ungehorsam gegen die Eltern, ich war lieblos, hatte unkeusche Gedanken gehabt." Diese und ähnliche Bekenntnisse können gut sein, wenn der Beichtende in diesen Formulierungen seine Sünde sieht und darunter leidet. Wenn ein Beichtender aber jahrelang dasselbe Bekenntnis wiederholt, besteht die Gefahr, daß der Charakter des Bekenntnisses verlorengeht. Die Beichte droht zum Aufsagen eines einmal gelernten und damals vielleicht auch lebensbezogenen, heute aber schablonenhaften Beichtspiegels zu werden.

Woher kommt diese Unfähigkeit zur Gewissenserforschung? Es zeigt sich heute die bedrohliche *Unfähigkeit, persönliche Probleme unter den Anspruch der christlichen Botschaft zu stellen.* Der Mensch hat persönliche Probleme. Er weiß auch um die Notwendigkeit einer Änderung. Er kann viele Gründe finden, die sein Fehlverhalten erklären und entschuldigen. Er sieht aber kaum mehr die persönliche Schuld. Damit ist die Möglichkeit zur Umkehr verbaut. Aus der „Unfähigkeit zu trauern" entsteht das Problem der Resignation, der Unfähigkeit, sich zu ändern. Alle konkreten Fragen, in denen Änderung erforderlich wäre, werden zugedeckt. Der Mensch entfremdet sich selbst und fühlt sich ohnmächtig, so daß er die persönliche Lage nicht mehr so sehen kann, wie es nötig wäre, um sich selbst mit Normen, die seinen eingefahrenen Lebensbahnen nicht voll entsprechen, zu konfrontieren (vgl. S. 77–106 die heutige Problematik mit den Zehn Geboten!).

Der Mensch ist damit nicht zufrieden und will aus der persönlichen Entfremdung zu existentieller Selbsterkenntnis zurückfinden. Wie kann das gelingen? Man kann sich mit dem Inhalt der Zehn Gebote beschäftigen und versuchen, die Weisungen der christlichen Botschaft neu und tiefer zu verstehen, damit diese auch den Erwachsenen und den modernen Menschen wieder etwas für ihr Leben sagen. Es wird auch versucht, den Dekalog durch ein anderes Schema zu ersetzen und entsprechend den Beichtspiegel je nach Wissen und Engagement der Beichtenden zu entwerfen und zu ändern. Allerdings zeigt die Erfahrung, daß eine Änderung des Beichtspiegels allein, etwa in ein ‚Gott-Du-Ich-Schema' oder in ein ‚Glauben-Hoffnung-Liebe-Schema' keine wirkliche Verbesserung erbringt.

Die Schwierigkeit der Gewissenserforschung liegt nicht nur in einem unangepaßten, oft auf der Ebene des Kinderbeichtspiegels verbliebenen Verständnisses der christlichen Gebote. Die Schwierigkeit besteht doch vor allem darin, daß der Mensch so orientierungslos ist und seine Empfindungen so abgestumpft sind, daß er überhaupt nicht mehr weiß, wo er sündigt. Er spürt zwar sein Versagen, sieht aber keine Möglichkeit, seine Situation so klar zu fassen, daß sie veränderbar wäre.

Typisch dafür ist folgende Beichte eines Studenten: „Ich habe eigentlich nichts Besonderes. Ich bete zu wenig und bin im Studium zu träge. Das befriedigt mich nicht, aber ich kann auch nichts dagegen machen, das ist schon jahrelang so."

Auf die Nachfrage des Priesters, wie es mit seinen Beziehungen stehe, sagte er: „Da ist es genauso."

Aus diesem Beispiel ist ersichtlich, daß neben und vor der Reflexion über einen Beichtspiegel die *Fähigkeit zu einer persönlichen Gewissenserforschung* nötig ist, damit die resignative Feststellung – ‚Ich lebe so dahin' – durch die Erkenntnis einzelner Fehlhandlungen differenzierter erfaßt und in konkrete Änderungen übersetzbar wird. Zwei Möglichkeiten bieten sich an, die Unfähigkeit zu einer persönlichen Gewissenserforschung zu überwinden: *das Zurückgehen in die eigene Lebensgeschichte und die Bewußtmachung der persönlichen Gewohnheiten.* Beide Wege haben das Ziel, auf jene Ebene vorzustoßen, auf der persönliche Sünde und Schuld erkennbar und bekennbar werden.

1.1 Die Lebensgeschichte

Um sich selbst zu finden, hat jeder Mensch ein Schatzkästchen, mit dem er arbeiten kann. Das ist seine Lebensgeschichte. In jeder Minute nimmt der Mensch Tausende Eindrücke auf. Jeden Tag macht er neue und wichtige Erfahrungen. Monat für Monat, Jahr für Jahr formt sich dadurch sein Charakter. Er wird entmutigt oder schöpft Hoffnung, er legt sich fest oder stößt in Neuland vor. Solche Eindrücke und Erfahrungen sind bleibend. Wie durch das Schnitzmesser eines Künstlers aus einem Holzklotz eine menschliche Statue wird, so entsteht durch die Lebensgeschichte eine unverwechselbare Person. Auch in hohem Alter trägt der Mensch die Merkmale an sich, die er als Kind mitbekommen hat, selbst die Schulzeit bleibt im Verhalten gegenwärtig; der Verheiratete wird durch die Ehe zwar verändert, er bringt sich aber mit all seinen Erfahrungen vor der Ehe mit.

Die Bedeutung der eigenen Lebensgeschichte ist so stark, daß alle psychologischen Methoden sie verwenden, um die augenblickliche Lage zu erhellen, zu verändern oder zu bekräftigen. Die sogenannte *Anamnese,* die Suche der entscheidenden Erlebnisse, Erfahrungen und Widerfahrnisse, ermöglicht erst einen helfenden und weiterführenden Eingriff. Auch wenn die Anamnese – *der Rückblick auf die Entwicklung und gesamte Lebensgeschichte des einzelnen* –, in der die faßbaren und seelisch wichtigen Daten zusammengetragen werden, gemacht ist, bleibt das Problem, daß irgendwelche Erlebnisse aus der Vergangenheit nicht genügend gesehen werden. Sie scheinen in der Anamnese nicht oder in falscher Bewertung auf und bleiben damit unbewußt im Menschen wirksam. Die Beurteilung der augenblicklichen Lage eines Menschen ist dann ungenügend oder wird falsch. Um hier weiterzukommen, verwendet die Psychologie u. a. den *projektiven Test.* In dieser Methode werden *durch gezielte Fragen Erinnerungen – Assoziationen – geweckt;* dadurch werden gleichsam zufällig wichtige, aber vergessene oder unbeachtete Erlebnisse ans Tageslicht gebracht. Warum sollte das nicht auch für die Gewissenserforschung eine Hilfe sein? Die Linie des eigenen Lebens ist da, dem Menschen nur zu wenig bewußt. Diese Linie ist die *Lebensgeschichte, in der Gottes Führung sichtbar wird.* Gott möchte mich auch weiterführen und spricht mich dazu in Besinnung, Abendgebet, Beichte an. So gilt für die Beichtvorbereitung in der Gewissenserforschung, daß eine Art Lebensüberblick eine Hilfe sein kann, um die eigenen Probleme zu erkennen. Solch ein Überblick kann aber nicht regelmäßig geschehen, weil dazu viel Zeit notwendig ist. Diese Zeit wird im Normalfall nur in Exerzitien oder Besinnungstagen zur Verfügung stehen. Anders ist es mit der Rückerinnerung an ein einzelnes früheres Erlebnis. Dies kann in jeder Einzelbeichte helfen, die Gewissenserforschung aus ihrer Sterilität herauszuführen und *zu Fragen vorzustoßen, die mein Leben jetzt betreffen und bedrängen.*

Mit diesem Ziel ist der Leser eingeladen, die folgenden Übungen mitzumachen und dadurch zu lernen, seine eigene Lebensgeschichte für die Gewissenserforschung zu verwenden. Eine Vorübung, in der die Bedeutung des projektiven Tests für die Selbsterkenntnis und Selbstfindung sichtbar wird, soll als Beispiel geboten werden, um die Frage nach der Lebensgeschichte zu verdeutlichen.

1.1.1. Vorübung: Die individuelle Bedeutung des Wassers

Jeder kennt viele Arten von Wasser; jeder Regisseur verwendet das Wasser als Symbol: den Fluß, das Meer, den Teich, die Quelle, die Sturmflut, das Trinkwasser, die Wellen, den Strudel, die Untiefe, den Bergbach.

Die erste Frage:
An was für ein Wasser denken Sie, wenn Sie an Freude denken?

Die zweite Frage:
Schreiben Sie zehn Begriffe aus dem menschlichen Leben untereinander und daneben jeweils die Wasserart, die Ihnen dazu einfällt.

(Zum Beispiel: Geburt–Wasserfall, Liebe–Waldsee, Sünde–Abwasser.)

Die dritte Frage:
Schauen Sie diese Gewässer, und suchen Sie nach Gründen, warum Sie darin diesen Teil des menschlichen Lebens symbolisiert finden. Gehen Sie in der Meditation an den Gewässern entlang, und versuchen Sie, das menschliche Leben, das Sie darin symbolisiert sahen, zu empfinden, also ein Trauernder, ein Liebender, ein Sünder zu werden.

Wenn die Übung in einer Gruppe gemacht wird, können entweder nach den einzelnen Schritten oder zusammenfassend am Ende sowohl der Inhalt als auch die Erfahrungen mit dieser Übung ausgetauscht werden.

Diese Vorübung kann ein Verständnis für die Bedeutung des projektiven Tests erbringen. Jeder Mensch findet andere Verbindungen zwischen Leben und Wasser. *Die Verbindung ist nicht zufällig,* sondern aus der Lebensgeschichte des einzelnen, das heißt aus seinen Erfahrungen mit Leben und Wasser, entstanden. Die Verbindung ist zweitens *nicht fest.* Es kann sein, daß der einzelne acht Tage später oder in einer anderen Gruppe andere Verbindungen zwischen Leben und Wasser findet. Denn auch die momentane Situation gehört schon zu meiner Lebensgeschichte. Ein drastisches Beispiel dafür: Die Mutter in der Erwartung einer Geburt wird anders assoziieren als nach einer unerwarteten Fehlgeburt. Die Verbindung ist drittens im normalen Alltag *nicht bewußt.* Der Mensch denkt, wenn er Wasser sieht, nicht an Leben, Glück, Angst, obwohl er, je nach Fähigkeit des Schauens, solche Erfahrungen aufnimmt und empfindet. Das Assoziieren fördert unbewußte, aber in mir vorhandene Erfahrungen zutage.

1.1.2 Übung: Meine Geschichte mit Gott

In der folgenden Übung wird die Rückerinnerung an Einzelgeschichten auf die Verbindung zwischen den Zehn Geboten und der eigenen Lebensgeschichte angewandt.

Die erste Frage:
Welche Geschichte aus meinem früheren Leben fällt mir ein, wenn ich an meine jetzige Situation unter dem Thema des ersten Gebotes denke?

Der Übende soll dabei beachten:

- Es geht um die Erinnerung an *ein* Erlebnis aus der eigenen Lebensgeschichte, nicht um die Aufzählung vieler. Das eine Erlebnis soll vertieft, nicht durch andere zugedeckt werden.
- Je früher und zurückliegender das Ereignis ist, das dem Übenden einfällt, desto wertvoller ist es zur Selbstfindung. Kindheits- und Jugenderlebnisse sind prägend.
- Die Bedeutsamkeit des Ereignisses spielt keine Rolle. Im kleinen oder kitschigen Erlebnis kann mehr zutage treten als in einem großen und äußerlich das Leben verändernden. So kann zum Beispiel die Erinnerung an eine Maiandacht wichtiger sein als die Erinnerung an die Erstkommunion.
- Der Übende hat zu jedem Gebot schon sehr viele Erlebnisse gehabt. Eine Woche später kann er sich ein anderes einfallen lassen. Man kann durch diese Übung wacher werden für die eigenen Geschichten, die man nicht weiß.

Die zweite Frage:
Warum fällt mir in meiner jetzigen Lage zu diesem Gebot diese Geschichte ein?

Der Übende soll dabei beachten:

- Die Erinnerung an ein Erlebnis hat nicht den Sinn, die Vergangenheit zu erhellen, sondern soll die jetzige Situation, die zuwenig bewußt ist, erhellen und zum Ausdruck bringen. Die momentane Erinnerung oder Assoziation ist ein *Bild* für das Heute. Die Maiandacht kann beispielsweise ein Bild für die Sehnsucht nach gefühlstiefem Beten oder – als Gegenbild – Ausdruck für oberflächliches, nur noch traditionell begründetes Christentum sein.
- Die Erinnerung kann positiv oder negativ sein. Die Verbindung zum

gegenwärtigen Leben ist vielschichtig. Ein Gefühl vor der Kommunion kann mir einfallen, weil ich mich dadurch unterdrückt fühle. Darin kann sich mein jetziges Problem der Aggression gegen Religion oder die Sehnsucht nach dem Erlebnis zeigen, das ich da erlebt habe.

Die dritte Frage:
In welchem Bekenntnis, in welchem Satz kann die persönliche, augenblickliche Situation unter dem Thema des ersten Gebotes formuliert werden?

Der Übende soll dabei beachten:

- Wenn der Übende auf die Gefühle der Beschämung achtet, kann er kontrollieren, ob es ihm gelungen ist, die gefundene Geschichte aus der Vergangenheit richtig und betreffend auszudeuten.
- Welche Möglichkeiten konkreter Veränderung ergeben sich (Vorsatz)? Diese Prüfung hat den Charakter des Betens. Die eigene Situation wird gleichsam ins Licht Gottes gehalten und von dorther geschaut.

Die drei Fragen sollen bei jedem Gebot gestellt werden. An folgenden Beispielen von Bekenntnissen zum ersten Gebot kann die Veränderung der Gewissenserforschung durch die Verwendung des projektiven Tests gesehen werden:

Dreizehnjähriger:
Ich habe unandächtig gebetet und das Morgengebet vergessen (Bekenntnis ohne die Übung).
Geschichte: Ich habe mit fünf Jahren zusammen mit den Hubers während der Messe Kaugummi gekaut.
Warum: Ich empfand es als Gotteslästerung und schwere Sünde, ich war erschrocken.
(„Warum ist dir das eingefallen?“ – „Weil ich heute diese Ehrfurcht nicht mehr habe.“)
Bekenntnis: Ich gehe nur so in die Kirche und bete nur so, ohne Gefühle; ich bin nicht beeindruckt, darum vergesse ich das Beten oft.

Siebzehnjährige:
Ich habe unandächtig gebetet (Bekenntnis ohne die Übung).
Geschichte: Ich erinnere mich an zwei Marienlieder.
Warum: Ich war dabei gefühlsmäßig ergriffen, hatte Gefühle.

(„Warum ist Ihnen das eingefallen?“ – „Weil ich mich heute mit meinem Glauben nicht mehr so stark identifizieren kann.“)
Bekenntnis: Ich bin nur äußerlich Christ, jede Bekanntschaft bedeutet mir mehr als Gott. Mein Gebet ist kraftlos.

Dreißigjähriger:
Ich habe fast nicht gebetet (Bekenntnis ohne die Übung).
Geschichte: Ich kannte mit achtzehn Jahren einen Pater, der mich führte. Damals fühlte ich mich Gott verbunden.
Warum: Mein Bedürfnis nach Autorität, nach Vorbild, nach Anweisungen wird darin sichtbar.
(„Warum ist Ihnen das eingefallen?“ – „Weil ich unter meiner Orientierungslosigkeit leide.“)
Bekenntnis: Ich habe zuwenig Liebe erfahren und zuwenig Vertrauen zu Gott. Er ist ein Lückenbüßer, mein Gebet ist stimmungsabhängig.

1.2 Die Gewohnheit

Ein guter Pädagoge wird versuchen, in der Erziehung die Gewohnheiten seiner Jugendlichen zu erkennen und unter Berücksichtigung der Gewohnheiten zu beurteilen, ob der Jugendliche durch einen Rat oder eine Aufgabe überfordert oder unterfordert ist. Ein schlechter Pädagoge wird alle über einen Kamm scheren, entweder von allen zuviel oder zuwenig verlangen.

Die Beurteilung eines Menschen, auch die Selbstbeurteilung, tappt im Dunkeln, wenn sie nicht damit rechnet, daß die Vorbedingungen beim einzelnen verschieden sind. Das kann ein Beispiel zeigen: Die Frühstücksgewohnheiten von Deutschen und Amerikanern sind so verschieden, daß ohne Berücksichtigung dieser Verschiedenheit ein Rat für das Frühstück, der für beide gemeinsam gegeben wird, kaum sinnvoll ist. Der Deutsche trinkt Kaffee, ißt Brot mit Aufstrich, vielleicht noch ein Ei. Der Amerikaner nimmt Porridge, Schinken und Ei, Kaffee mit Toast, Cornflakes und oft noch ein Beafsteak. Der Rat: „Iß mehr zum Frühstück und laß dir mehr Zeit“, mag für den einen gut sein, für den andern ist er belanglos oder falsch. Das gilt auf allen Gebieten. Eine Leistungssportlerin und ein gleichaltriges Mädchen, das aus Faulheit oder Angst nie Sport getrieben hat, haben verschiedene Probleme auf diesem Gebiet. Ein Klassenbester und ein schlechter Schüler können nicht die gleiche Aufforderung erhalten. Ein Extrovertierter und ein Introvertierter haben andere Fragen. Es gibt überhaupt keinen Problembereich, in dem die Fragen der persönlichen Gewohnheiten keine Rolle spielen. Wenn die jeweilige persönliche Gewohnheit nicht vor der Aufforderung zum Handeln berücksichtigt wird, entsteht ein allgemeiner Beichtspiegel, aber noch kein Bekenntnis.

Ein Beichtspiegel kann und will gar nicht zum Ziel haben, auf die persönlichen Gewohnheiten einzugehen. In der Gewissenserforschung aber ist das nötig. Ein Priester, der Erfahrung im Beichthören hat, wird das berücksichtigen. Er wird bei der einzelnen Anklage, die von Gewicht ist und in der die Unterscheidung zwischen Gewohnheit und verantwortbarer Handlung fehlt, nach dieser Unterscheidung fragen.

Zum Beispiel: Wenn ein Vierzehnjähriger beichtet: „Ich streite oft mit meiner Schwester", wird der Beichtvater fragen: „Kannst du dir denken, *warum* du das tust?" Der Vierzehnjährige: „Sie ist so giftig." – „Vielleicht hast du es nötig, mit ihr manchmal zu streiten. Überlege, was du tun könntest." – „Vielleicht könnte ich das nächstemal darüber nachdenken, wie es denn zu diesem Streit gekommen ist und was ich falsch gemacht habe."

Der Streit mit der Schwester ist gewachsen; vielleicht war er sogar notwendig für den Vierzehnjährigen. Der Jugendliche versucht etwas Sinnloses oder Falsches, wenn er dagegen ankämpft ohne einen Ersatz, eine Weiterentwicklung oder eine neue Einsicht. Er spürt das und geht deshalb nicht mehr zur Beichte. Wenn er den Streit mit seiner Schwester als Gewohnheit entlarvt, dann kann er die Gewohnheit als schlecht anerkennen und zugleich zur Frage vorstoßen, in der er jetzt schuldig geworden ist. So kann er über einen Weg nachdenken, wie er die schlechte Gewohnheit überwindet, indem er zum Beispiel bekennt: „Ich habe meiner Schwester gegenüber resigniert und werde dabei immer boshafter."

Oder: Ein Vater beichtet: „Ich bin oft gereizt und nörgle an meinen Kindern herum." – „Wenn Sie überlegen, *warum* Sie so handeln, was fällt Ihnen ein?" – „Ich bin unzufrieden mit ihren Leistungen in der Schule und zu müde." – „Was könnten Sie ändern?" – „Ich könnte früher ins Bett gehen und öfters mit den Lehrern sprechen."

Wie der Jugendliche verliert der Familienvater die Lust am Beichten, wenn er eine in sich unveränderbare Tatsache, beruflich und gesellschaftlich bedingt, als Bekenntnis aussagt, ohne daß je eine Chance sichtbar würde, zu einer Veränderung zu gelangen. Wenn er sein Verhalten als schlechte Gewohnheit anerkennt, kann er zu jenen Fragen finden, in denen *seine Schuld* liegt, und so einen Weg finden zur Veränderung auch der Gewohnheit, zum Beispiel, indem er bekennt: „Ich gehe zu spät ins Bett und vernachlässige den Kontakt zu den Lehrern. Darin zeigt sich mein Ungehorsam gegen Gott."

Es gibt keine zwei Menschen, die einander völlig gleich sind. Jeder ist unverwechselbar und einmalig. Diese Einmaligkeit entsteht oder zeigt sich in Gewohnheiten, die zum Teil Tugenden, zum Teil Laster sind. Die Laster oder schlechten Gewohnheiten sollen geändert werden. Das geht nicht direkt, sondern nur indirekt. Zuerst gilt es, sich anzunehmen, wie man ist. Dazu braucht es die Selbsterkenntnis in Besinnung und Gebet. Gott nimmt mich an, so wie ich bin. Er will aber nicht die Maske oder die Lüge. Gott will den Menschen in seiner unverwechselbaren Einmaligkeit lieben. Erst von solcher Selbsterkenntnis aus ist es möglich und sogar leicht, jene Fragen zu finden, in denen der Mensch gesündigt hat und zur Umkehr gerufen ist.

Wer sich auf die Beichte durch eine Gewissenserforschung vorbereitet, sollte auf die Unterscheidung zwischen Gewohnheit und Sünde achten. Man kann durch gezielte Fragen selbst auf diese Unterscheidung aufmerksam werden. Im folgenden wird eine Übung angeboten, die zu dieser Unterscheidung eine Hilfe sein kann. Eine Vorübung besteht darin, den eigenen Alltag zu überdenken. Der Leser ist eingeladen, Vorübung und Übung mitzuvollziehen.

1.2.1 Vorübung: Worin unterscheidet sich mein Alltag von dem anderer Menschen?

In der Gruppe oder allein kann die Frage auch lauten: Was wünsche ich mir von dir (dem Partner, dem Freund, dem Menschen, der mit mir lebt)?

1.2.2 Übung: Meine Gewohnheiten vor Gott

Die erste Frage – nach der Gewohnheit:
Welche Gewohnheiten habe ich, das erste Gebot betreffend?

Der Übende soll dabei beachten:

- Die einzelnen Gebote sollen vom Beichtenden als Fragen nach Lebensgebieten formuliert werden, nicht schon als Gebote oder Verbote, zum Beispiel das Gebiet des religiösen Lebens, der Ehrfurcht vor dem Heiligen, der Sonntags- und Wochengestaltung, der Autorität, der Nächstenliebe, der Sexualität und Körperlichkeit, des Eigentums, der Wahrhaftigkeit.
- Es geht um das Erkennen von Gewohnheiten, guten und schlechten, um die unverwechselbare Einmaligkeit meiner Person.
- Als Gruppenübung kann die Frage auf dem Gebiet eines Gebotes dazu helfen, die Unterschiedenheit zwischen den einzelnen Mitgliedern besser zu erkennen.

Die zweite Frage – nach dem Bekenntnis:
Was ist meine Sünde? Was kann und muß ich ändern?

Der Übende soll dabei beachten:

- Die Frage nach der Schuld betrifft bei jedem Gebot sowohl die religiöse als auch die soziale Dimension. Zum Beispiel: Gebetsleben und Tagesgestaltung, Gehorsam und religiöses Verhalten gehören paarweise zusammen.

Im folgenden Kapitel „Zehn Gebote – christliches Lebensprogramm" geht es um die einzelnen Lebensbereiche, wie sie durch die Zehn Gebote abgesteckt sind. Dabei wird ersichtlich, daß die ersten drei Gebote auch die soziale, die weiteren sechs Gebote auch die religiöse Dimension betreffen.

Beispiele sollen verdeutlichen, warum eine Beichte besser wird, wenn die Unterscheidung zwischen Gewohnheit und Sünde berücksichtigt wird:

Dreizehnjähriger:
Gewohnheit: Ich habe nichts gegen die Religion, mache im Jugendlager auch mit, interessiere mich im Religionsunterricht für religiöse Fragen; jede Beeinflussung durch Kameraden aber wirft mich um. Praktisch lebe ich ohne Gott, mit schlechtem Gewissen.
Bekenntnis: Ich klage mich an, zu weich zu sein und wie eine Windfahne. Ich will ab jetzt stur wenigstens ein Abendgebet verrichten.

Siebzehnjährige:
Gewohnheit: Ich bin fromm, praktiziere, aber bin unsicher. Manchmal habe ich das Gefühl, daß ich vor Problemen flüchte.
Bekenntnis: Ich klage mich der Routine an. Ich will ab jetzt wenigstens einmal wöchentlich über ein religiöses Problem sprechen?

Dreißigjähriger:
Gewohnheit: Gefühlsmäßig bin ich tief religiös, habe aber fast keine Praxis. Ich rede viel von Gott, tue aber selbst nichts. Gott ist für mich mehr Autorität als Liebe. Die Furcht herrscht vor.
Bekenntnis: Ich klage mich an, daß ich nicht bete und mir keine Zeit für Gott allein nehme. Mir mangelt vor allem, Danken und Vertrauen einzuüben.

Schlußbemerkungen zur Gewissenserforschung

- Alles Gesagte will nur eine Hilfe sein. Wer mit seinen bisherigen Versuchen zufrieden ist, soll sie beibehalten, nichts ändern.
- Die Methode des projektiven Tests und die der Frage nach der Unterscheidung zwischen Gewohnheit und Sünde lassen sich leicht miteinander verbinden: Aus der Lebensgeschichte ist die jetzige Gewohnheit leichter zu finden als durch die direkte Frage.
- Nur durch regelmäßiges Üben wird es dem einzelnen gelingen, Lebensgeschichte und Gewohnheit zu Ansatzpunkten für eine gute Gewissenserforschung zu machen. Eine besondere Bedeutung haben dabei die Gruppe und die Hilfe durch den Fachmann.

■ Eine Gewissenserforschung, die durch Lebensgeschichte und Gewohnheit mitvorbereitet wird, sollte schriftlich gemacht werden. Eine halbe Stunde genügt. Gut ist es, wenn man nach der schriftlichen Vorbereitung zum Gebet in die Kirche geht.

2 *Reue*

Der Mensch fühlt sich mehr, als es der Wirklichkeit entspricht, eingeengt in persönlicher, politischer und kirchlicher Praxis. Was kann man schon machen? – Um etwas zu verändern, fehlt ihm oft die Kraft, die Motivation, der Wille. „Der Geist ist zwar willig, das Fleisch aber schwach“ (Mk 14, 38). Nur aus einem Aha-Erlebnis heraus ist eine positive Veränderung möglich. Dafür aber kann man etwas tun.

Man kann durch Meditation und Denken sich in eine andere Lage versetzen, aus seinem eingeengten Leben in eine Art geistiger Vorwegnahme aussteigen und so seine Lage verändern. Das geschieht nicht beliebig, sondern durch Bewußtmachung der vorhandenen Lebenslüge. Der Mensch ist Geschöpf Gottes, Gott zu Dank verpflichtet; er ist in seinen Lebenschancen stets gefährdet und müßte sich, der Wirklichkeit entsprechend, als beschenkt, begnadet, reich erfahren. Indem er das vergißt oder vernachlässigt und verdrängt, wird er einerseits von Schuldgefühlen belastet, andererseits zur jeweiligen Umkehr unfähig.

Der Mensch kann diese grundlegende Lebenslüge bewußt machen. Die von Tradition und Humanwissenschaften anerkannten Hilfsmittel sind *die Motivation durch Liebe und Furcht.* Beides steht nicht gleichwertig nebeneinander. Liebe ist das tragende, Umkehr und Leben ermöglichende Motiv, Furcht nur – umfangen von Liebeserfahrung – als positive Motivation möglich. Strafe und Sanktion in der Erziehung werden nur akzeptiert, wenn sie eingebettet bleiben in einem grundsätzlichen Angenommensein; in diesem Rahmen ist Furcht allerdings notwendig. Liebe ohne das Element der Strafe wird zum verlogenen Paradies, das falsche

Bedürfnisbefriedigung und egoistisches Verhalten nicht korrigiert, sondern fördert. Furcht ohne die sie umfangende und tragende Liebe wird zur Unterdrückung, die das falsche und egoistische Verhalten in einem Teufelskreis zwischen je schärferer Strafe und je schlimmerem Fehlverhalten hervorbringt.

Ignatius von Loyola hat in seinem Exerzitienbüchlein die Dialektik zwischen Liebe und Furcht für die zur Umkehr notwendige Reue gesehen und die gegenseitige Gewichtung und Verschränkung dadurch zum Ausdruck gebracht, daß zuerst (in zwei Übungen) das Motiv der Liebe dem Übenden angeboten wird; erst als dritte Übung folgt am Ende, gleichsam als Notbremse und Zusatz, das Motiv der Furcht. In Anlehnung an die von Ignatius entworfene Methodik soll hier in Überlegungen und Übungen ein Weg zur Reue gesucht werden. Der von Ignatius aufgezeigte Weg zur persönlichen Reue ist gefährlich. Er kann sowohl als Pharisäismus („Ich erhebe mich über andere") als auch als unmenschliche Verdemütigung („Ich werde klein gemacht") mißverstanden werden. Am Beispiel der japanischen Zen-Meister kann gezeigt werden, auf welche Weise solche Mißverständnisse zu vermeiden sind. Diesen Meistern ist es eigen, den Schülern gegenüber große Härte zu zeigen, diese auf sich selbst zurückzuwerfen, sie in ihrer Ohnmacht zappeln zu lassen (vgl. *E. Herrigel,* Zen — in der Kunst des Bogenschießens, München ^{22}1983). Das ist sowohl im Zen als auch in der Beichtvorbereitung nur sinnvoll, *wenn der Übende ein Gegenüber hat, ein gutes Gesicht, das er erkennt und durch das er ‚erkannt' wird, einen ‚Herrn',* der ihm solches zumutet. Ohne in einer solchen Beziehung zu stehen, kann der folgende Weg nicht gegangen werden. Was im Zen der Blick des Meisters ist, das ist *in der Beichtvorbereitung der Blick Gottes.* Das Auge Gottes, liebend und achtsam auf den Menschen gerichtet, ermöglicht einen solchen Weg. *Voraussetzung für die Übungen zur Erlangung der Reue ist der Glaube und die Erfahrung, von Gott nach allem Versagen getragen und angenommen zu sein, aus solcher Liebe heraus zur Umkehr gefordert zu sein, zu einem anderen, tieferen, zu einem heiligmäßigen Leben.*

Wegen der großen Bedeutung, die der Verfasser dem Exerzitienbüchlein beimißt, wurde keine Übung und kein Einzelschritt, den Ignatius dem Übenden anbietet, weggelassen. So ist das folgende jetzt fast zu einem Kleinkommentar zur sogenannten „Ersten Woche" der Exerzitien geworden. Um trotz der Vielzahl von Schritten eine gewisse Übersichtlichkeit zu gewährleisten, wird am Ende des Abschnitts eine *Übersichtstafel für die einzelnen Übungen zur Reue* angeboten. Die Zitate sind entnommen aus: Ignatius von Loyola. Geistliche Übungen. Übertragung aus dem spanischen Urtext. Erklärung der 20 Anweisungen von Adolf Haas (Freiburg i. Br. [5]1981).

2.1 Die Sündigkeit der Welt

Es gibt in der Welt, in unserer Umgebung die Not, die auf irgendeine Weise durch die Sünde bedingt ist oder zumindest diese zum Ausdruck bringt. Krankheit, Asozialität, Alter, Tod, Krieg, der an Seele oder Leib chancenlose Mensch – all das kann Ansatzpunkt sein, um sich der Sündigkeit der Welt bewußt zu werden und von daher zur Dankbarkeit und Reue zu gelangen.

Die gewöhnliche Lebenssituation ist davon bestimmt, daß der Mensch über sein Geschick traurig ist, nicht glücklich, damit undankbar, nicht dankbar. Er ist abgestumpft. Zwar hört er heute mehr über Unglücksfälle und Notstände; es gelingt ihm aber nicht ohne ausdrückliches Bemühen, aus der erfahrenen Not Betroffenheit und Ermutigung zu schöpfen. Wenn zum Beispiel im Fernsehen durch einen Report erwiesen wird, daß Jugendliche in Heimen benachteiligt sind, kommt es von dieser Sendung her nicht automatisch zu Dankbarkeit und Reue, sondern nur dann, wenn das gebotene Bild- und Tonmaterial übersetzt wird auf die Ebene des Gebets; wenn man bedenkt: Warum bin ich in einer Familie aufgewachsen, nicht in einem Heim? Warum habe ich es geschafft, sozial anerkannt, nicht kriminell zu sein? Warum bin ich fähig, andere Menschen und ihr Eigentum unangetastet zu lassen? Warum kann ich Frustrationen aushalten, meine augenblicklichen, nicht ohne Fehlverhalten realisierbaren Bedürfnisse bezähmen?

Drei theologisch bedeutsame Aspekte, die von der Sündigkeit der Welt her zu Dankbarkeit und Reue führen können, sind die Engelssünde, die Erbsünde und die zufällige Einzelsünde. Es soll versucht werden, diese drei Aspekte von Sündigkeit in Erfahrungen und Übungen zu übersetzen. Der Leser wird eingeladen, die einzelnen Übungen beim Lesen mitzumachen.

Vorübung

Der Übende soll sich bildlich, das heißt durch die Vorstellungskraft der Sinne, gleichsam durch Produzieren der Anfangsszenen eines Filmes, vor Augen führen, „mit der Schau der Einbildungskraft sehen und betrachten" (47), wie er selbst „eingekerkert ist und in diesem Erdental wie verbannt unter wilden Tieren" (47). Er soll schauen, wie er selbst festgelegt ist durch die Ungerechtigkeit und Unterdrückung in heutiger Gesellschaft. Dann soll er bitten um „Beschämung und Verwirrung" (48), „indem er sieht, wie viele wegen einer einzigen Sünde verdammt sind und wie viele Male er es verdient hätte, verdammt zu sein wegen so vieler Sünden" (48). Er soll also gefühlsmäßig erfassen, welche Zufälligkeit darin sichtbar wird, daß es ihm so gut geht, wie unverdient es ist, daß er so große Lebens- und Entfaltungsmöglichkeiten hat, wie asozial und egoistisch er damit umgegangen ist.

2.1.1 Die Engelssünde – Gefährdung durch Ideologie (erste Übung)

Luzifer und andere Engel wollten sein wie Gott und wurden dadurch gestürzt. Man soll sich ins Gedächtnis rufen, „wie diese in der Gnade erschaffen wurden, sich ihrer Freiheit aber nicht bedienen wollten, um ihrem Schöpfer und Herrn Ehrfurcht und Gehorsam zu erweisen, sondern in Hochmut gerieten, aus der Gnade in Bosheit umgewandelt und vom Himmel in die Hölle geschleudert wurden" (507).

Staaten regeln Probleme mit Wirtschaftsmacht, Krieg und Bomben, Menschen tun dasselbe durch Gewaltanwendung und schlaue Diplomatie. Im letzten führt das zum Sturz. Hitler und die Verblendung sehr vieler Deutscher sind ein grausiges Beispiel eines solchen Höllensturzes. Immer steckt dahinter eine Kurzsichtigkeit und geistige Verblendung, in der der Mensch um sich selbst und seine Rolle nicht mehr weiß. Phänomenologisch zeigt sich darin das Wirken der gestürzten Engel, der bösen Mächte.

Die eigene Gefährdung durch die Engelssünde – *die Gefahr der Ideologie* – kann erkannt werden, wenn man sich aus der eigenen Situation heraus in die Lage eines durch die Engelssünde Geschädigten begibt. Dazu sind folgende Übungsschritte nötig:

- Ich versetze mich in die Situation eines von Ideologie Geschädigten; ich werde er, fühle und erlebe mich als er, erleide und erwarte wie er.

Ein Fünfzigjähriger wird 1960 als Kriegsverbrecher aufgegriffen und zu fünf Jahren verurteilt. Auch bei genauer Gewissensprüfung und nach dem Urteil aller Priester, die er fragte, ist seine Verurteilung wegen Geißelerschießung ungerecht gewesen. Jetzt ist er wieder frei. Aber er lebt von der Sozialhilfe, ohne Freunde, abgestempelt als Verbrecher.

- Ich vergleiche meine Lebenssituation mit der, in die ich mich versetzt habe. Ich versuche in Einzelheiten meine Situation gegenüberzustellen.

Das könnte sein: Lebensort, Freiheit, Ausbildung, berufliche Stellung, Erfahrungen, Menschen.

- Ich wäge ab, wieviel Zufälligkeit, Glück, Gnade dazu gehört, daß es mir so gut geht.

2.1.2 Die Erbsünde – Belastung durch das Erbe (zweite Übung)

Adam und Eva haben ein Gebot übertreten, als sie vom Baum der Erkenntnis die Frucht pflückten. Diese Sünde hat ihnen und uns als ihren Kindern Negativität und Verhaftetheit eingestiftet. Man soll sich ins Gedächtnis rufen, „wie sie wegen dieser Sünde so lange Zeit büßen mußten und welch großes Verderben in das Menschengeschlecht kam, weshalb so große Volksmassen sich auf die Hölle zu bewegen“ (51).

Dieser Tatbestand begegnet dem Menschen innerhalb des gesellschaftlichen Lebens auf vielfältige Weise. Wirtschaftliche

Schädigung vom Unterschicht-Kind bis zum Kapitalistensohn, körperliche Schädigung vom Schwachsinn bis zum Krüppel, seelische Schädigung von Verwahrlosung bis zur psychologischen Störung, kulturelle Schädigung von Primitivität bis zum liberalen Hochmut sind für jeden beobachtbar. Dahinter steckt jeweils eine lange Geschichte. Nicht die Eltern haben wirtschaftliche Verhältnisse produziert, Gene gewählt, Lebensgewohnheiten und Wertvorstellungen erfunden, Überzeugungen gebildet, sondern auch sie haben all dies durch Erbe und Umwelt vorgefunden und nur in diesem Rahmen ausgeprägt. Bis zur Kinderzahl und zum konkreten Erziehungs- und Beziehungsverhalten drückt *die Geschichte als Erbe* dem Menschen seinen Stempel auf, qualifiziert oder disqualifiziert ihn, öffnet Lebenschancen oder verschließt sie.

Die eigene Gefährdung durch die Erbsünde – *Vorgegebenheit jedes Menschen* – kann ähnlich wie bei der Engelssünde in einem Dreischritt erkannt werden.

- Ich denke mich in einen anderen Menschen hinein, der durch anderes Erbe im Verhältnis zu mir benachteiligt ist.

  Der Mensch, in den ich mich verwandle, ist ein verkrüppeltes Kind. Wenn es mit andern spielt, wird es ausgelacht oder bemitleidet. In der Schule spürt es die Abneigung aller, auch derer, die nett zu ihm sein wollen. Als Zukunft bleibt vielleicht nur ein Heim. Davor hat es Angst.

- Vergleichen könnte ich damit in meinem Leben zum Beispiel Gesundheit, Talent, wohlwollende Umwelt, weiterführende Beziehungen, Selbständigkeit, Perspektiven, Schaffenskraft.
- Ich wäge ab, wieviel Zufälligkeit, Glück, Gnade dazu gehört, daß meine Lebenschancen so groß sind.

2.1.3 Die zufällige Einzelsünde (dritte Übung)

Eine schwerwiegende Untat kann einen Menschen zerstören. Man soll sich einen Menschen ins Gedächtnis rufen, „der wegen einer einzigen Todsünde in die Hölle kam, und von zahllosen anderen, verdammt wegen geringerer Sünden, als ich sie begangen habe" (52).

Begabte und wertvolle Menschen sind oft in Gefahr, durch einzelne Taten zu scheitern. Man denke an den frühen Tod von Camus, an die geistige Umnachtung Nietzsches. Bedroht von solch einem Schicksal ist aber auch der Durchschnittsbürger. Man denke an die Unfalltoten und ihre Verursacher, das Kriegsgeschehen und seine Opfer, den Leistungsstreß und die dadurch Geschädigten. Dahinter steckt die Zufälligkeit des Lebens. Ein Ziegelstein, ein Kind vor dem Auto, eine Erkrankung lebenswichtiger Art (zum Beispiel Krebs, Lähmung), eine berufliche oder familiäre Fehlleistung (zum Beispiel Schulden, Ehebruch) können das Leben eines Menschen äußerlich so schädigen, daß es als beendet gelten muß.

Die eigene Gefährdung durch die zufällige Einzelsünde kann erkannt und für Dank und Reue ausgewertet werden, wenn man den gleichen Dreischnitt wie bei der Engels- und Erbsünde vornimmt.

■ Ich denke mich in einen anderen Menschen hinein, der durch eine einzelne Tat schwer belastet wurde.

Der Mensch, in den ich mich verwandle, ist ein dreißigjähriger Lastwagenfahrer. Auf einer abfallenden Straße, bei leichter Schneeglätte und einer Geschwindigkeit von 60 Stundenkilometern fährt er um vielleicht nur 10 Stundenkilometer zu schnell. In einer leichten Linkskurve sieht er plötzlich eine junge Frau vor sich. Vorbei kommt er nicht. Er bremst, rutscht und schleudert und prallt mit dem Kühler gegen die Frau, die sich umgewandt hat. Sie stirbt im Krankenhaus; er steht vor Gericht. Daneben gibt es ihre fünf Kinder.

■ Vergleichen könnte ich damit mein Überleben im Straßenverkehr, mein Glück bei Risiken in Freizeit und Beruf, mein Bewahrtsein vor schwerer Sünde und von Folgen einer Fehltat, die bei anderen zum Ende in Diskriminierung, Schädigung, Tod geführt haben.

■ Ich wäge ab, wieviel Zufälligkeit, Glück, Gnade nötig war, um mich vor solchem zu bewahren.

Für solche Überlegungen ist es wichtig, bei jeweils einer Erfahrung zu verweilen, diese zu vertiefen und als Ziel das bewußte Entstehenlassen von Beschämung und Verwirrung vor Augen zu haben. Dadurch wird die Grundlage geschaffen, auf der ein Vergleich zwischen mir und Jesus möglich ist.

Schlußübung
Ich soll mir „anschaulich vorstellen" – auf dem Hintergrund der vorigen Überlegungen –, „wie Christus unser Herr gegenwärtig und ans Kreuz geheftet ist, und ein Zwiegespräch beginnen. Wie er als Schöpfer gekommen ist, um sich zum Menschen zu machen, vom ewigen Leben zum zeitlichen Tod und so für meine Sünden zu sterben. Ebenso dann den Blick auf mich selber richten: was ich für Christus getan habe, was ich für Christus tue, was ich für Christus tun soll; und indem ich ihn derartig schaue und so ans Kreuz geheftet, überdenke ich das, was sich gerade anbietet" (53), Jesu Leben und Wort, vor allem sein Leiden und sein Kreuzestod sind das beschämende Gegenbild, das Glück und Versagen in meinem Leben aufhellt. Dem *‚für uns gestorben'* aus Jesu Leben steht das *‚gegen andere gelebt'* meines Lebens gegenüber.

2.2 Die eigene Sündigkeit

Unsere persönliche Entwicklung beinhaltet neben Gelungenem vertane und verschlafene Chancen, Schuld und Sünde. In normalem Bewußtsein drückt sich das in selbstherrlicher Bürgerlichkeit, in allgemeiner Unzufriedenheit, in Schuld- und Ohnmachtsgefühlen oder in resignativer bzw. oberflächlicher Gestimmtheit und im entsprechenden Fehlverhalten aus. Hier wird eine Differenz sichtbar zwischen echter Schuld und falschen Schuldgefühlen. Auch diese Situation kann ein Ansatzpunkt sein, um sich in eine Lage zu versetzen, in der sich die Gefühle der Dankbarkeit und Reue folgerichtig ergeben.

Es handelt sich dabei nicht um eine Gewissenserforschung, sondern wiederum um die Versetzung in eine Situation, die dem normalen Leben gegenüber künstlich, der Wirklichkeit aber entsprechender ist. Diese Versetzung in eine geistig erzeugte Situation soll aber wiederum nicht intellektueller Art sein, sondern, ausgehend von Einsichten, *zu einer gefühlsmäßigen Betroffenheit und Gerührtheit führen.* Dieses Gefühl entsteht nicht, wenn ich meine Lage durch Umstände und Außenfaktoren verstehbar mache, ein Prozeß, der immer möglich ist. Das Gefühl der Betroffenheit, des Schmerzes über meine Sünden entsteht nur, wenn ich mich unter *die Verantwortung für mein verpfuschtes Leben* stelle und so meine bis jetzt vertanen Möglichkeiten sehen lerne.

Um dieses Ziel zu erreichen, wird eine Übungsfolge angeboten, die ein schrittweises Von-sich-Weggehen und gleichzeitiges je besseres neues Sehen der eigenen Person und Rolle bewirken soll. Die folgenden fünf Übungen kann der Leser auch einzeln verwenden.

Vorübung

Zur Einstimmung sollte wie bei den vorausgehenden Übungen ein geistiges Bild erstellt werden, in dem die Ungerechtigkeit und Unterdrückung in heutiger Gesellschaft aufleuchten und gebetet wird „um den stets wachsenden und intensiven Schmerz über die eigenen Sünden" (56), damit im Blick auf mögliche Selbstentfaltung und Mitarbeit in der Welt der Wahnsinn vertaner Chancen emotional spürbar wird.

2.2.1 Der Lebensüberblick (erste Übung)

Ich soll „alle Sünden des Lebens ins Gedächtnis rufen und dabei von Jahr zu Jahr oder von Zeitabschnitt zu Zeitabschnitt durchsehen" (56). An dieser Stelle geschieht das nicht mit dem Ziel einer Gewissenserforschung, sondern in der Absicht, *die Geschenktheit und Ungeschuldetheit meines Lebens* bewußtzumachen und einen Ansatz für Dankbarkeit und Reue zu gewinnen. „Hierzu ist dreierlei behilflich: *erstens,* den Blick richten auf den Ort oder das Haus, wo ich gewohnt habe; *zweitens,* den Umgang, den ich mit andern gepflogen habe; *drittens,* den Beruf, in dem ich gelebt habe" (56).

2.2.2 Die Häßlichkeit der Sünde (zweite Übung)

Ich soll „den Blick richten auf die Häßlichkeit und Bosheit, die jede begangene Todsünde in sich birgt, selbst wenn sie nicht verboten wäre“ (57). Die *Betrachtung einer einzelnen Fehltat* oder Sünde verhilft dazu, gefühlsmäßig zu erfassen, wie *Schlimmes* ich tat, als ich gegen andere oder Gott sündigte, zum Beispiel durch Zerstörung eines Menschen, durch Vertrauensbruch oder Verweigerung einer notwendigen Hilfe, durch Schädigung vieler, durch Flucht vor Verantwortung. Das erst erzeugt Distanz von mir selbst. Wie bei den vorausgehenden Übungen geht es nicht um eine Aufzählung vieler Sünden, sondern um das *Verweilen bei Einzelsünden.*

2.2.3 Minderung durch Vergleich (dritte Übung)

Ich soll mich fragen und mir bildlich vor Augen stellen:

- Was bin ich neben allen Menschen, die heute leben (beginnend beim Bekanntenkreis, zur Stadt, zum Land, zu Völkern, zu Erdteilen)?
- Was bin ich neben der Geschichte (beginnend bei Geburt und Tod, 50 Jahre früher und später, 100 Jahre, 1000 Jahre)?
- Was bin ich neben Gott (Tiefendimension des Lebens, wie es beispielsweise im Leben eines Dichters sichtbar wird; im Schicksal eines Volkes; in guten und bösen Mächten; im Geheimnis)?

Im Zusammenhang mit den vorigen Übungen kann ich „mich anschauen als eine Wunde und ein Geschwür, aus dem so viele Sünden und Bosheiten und ein so überaus schändliches Gift hervorgebrochen ist“ (58). Die eigene Wertminderung erscheint zunächst negativ. Die Versetzung in diese Sichtweise mit Hilfe geleisteten Schauens bewirkt aber erst den für einen Neuaufbruch nötigen Abstand von eigener Vergangenheit und den Mut zum Neuanfang, damit wiederum Dankbarkeit und Reue.

2.2.4 Vergleich mit Gott (vierte Übung)

Ich soll mich Gott gegenüberstellen unter vier Gesichtspunkten

(59). Das kann nur gelingen, wenn ich die Eigenschaften Gottes als Erfahrungsgrößen suche.

- Ich vergleiche seine *Weisheit* mit meiner Dummheit. Man kann das eigene Wissen dem Gesamtwissen der Menschen gegenüberstellen, dem Wissen, wie es sich etwa in Technik und Medizin zeigt. Dieses Gesamtwissen ist dann zu vergleichen mit dem Wissen, das *vor diesem Wissen* liegt: der Mensch hat es gelernt, über Technik und Medizin zu staunen. Er muß neu lernen, über Natur und Leben zu staunen. Der Mensch schafft nicht die Energie, sondern verarbeitet sie. Die Medizin schafft nicht den Menschen, sondern ist darauf beschränkt, heilend ihm zu helfen.
- Ich vergleiche seine *Allmacht* mit meiner Schwächlichkeit. Die eigene Kraft ist zu vergleichen mit der Macht eines Mächtigen, diese selbst wieder mit der Macht, die *nicht durchschaubar* sich in allen Vorgängen und trotz aller Planung zeigt: auch hier sollte man lernen, vom Kosmos bis hin zum einzelnen Menschen den Weg zu gehen, vom Staunen über menschliche Möglichkeiten zu der menschliche Möglichkeiten grundsätzlich übersteigenden Macht.
- Ich vergleiche seine *Gerechtigkeit* mit meiner Ungerechtigkeit. Die eigene Gerechtigkeit ist zu vergleichen mit dem Urteil und der Gerechtigkeit eines guten Menschen; von dort aus könnte man den Blick wieder richten auf die menschlicher Gerechtigkeit *vorausliegende Gerechtigkeit,* wie sie sich in jedem Menschen und jeder Gesellschaft als Rache oder Belohnung durch die Wirklichkeit zeigt.
- Ich vergleiche seine *Güte* mit meiner Bosheit. Das Böse in meinem Leben kann ich vergleichen mit dem Neuanfang des Lebens, der je neuen Chance, die *jeder* Mensch hat, mit einem Verzeihen, zu dem der Mensch nicht fähig ist.

2.2.5 Übung des Staunens (fünfte Übung)

Bewußt soll der Leser seine Aufmerksamkeit auf das Gefühl des Staunens richten, indem er bedenkt, *daß er lebt und so leben darf,* daß die Engel als gute und böse Mächte ihn nicht vernichtet haben, daß die Heiligen ihn beschützt haben, daß die Erde ihn nicht verschlungen hat: daß er also nicht gescheitert ist, wiewohl es gerechterweise hätte passieren müssen, daß er Hilfe und Schutz erfahren hat, daß die Erde ihn trägt, nicht Hölle für ihn ist (60).

Schlußübung
Beschließen sollte man diese Übungsfolge mit einem *Dankgebet und dem Vorsatz,* „mit seiner Gnade in Zukunft sich zu bessern" (61).

2.3 Die Drohung der Hölle

Es ist heute nicht üblich, über die Hölle nachzudenken. Das dürfte den Grund darin haben, daß wir Christen vergessen haben, daß die Hölle zumindest auch ein Grenzbegriff ist, in dem in letzter Zuspitzung Erfahrungen des Lebens verdichtet und zum Ausdruck gebracht sind. Die Hölle – ein biblisches Bild aus der persischen Mythologie – ist das Gemälde vom Ort der Verdammten, an dem das ewige Feuer brennt. Die Israeliten hatten gelernt, diesen Ort im Gehinnom-Tal, dem Höllental, zu sehen. Nahe bei Jerusalem brannte dort das ewige Feuer, in dem der Unrat und Abfall aus der Stadt verbrannt wurde. Das Feuer brannte dort, weil israelische Könige entsprechend den heidnischen Bräuchen ihr erstgeborenes Kind in den glühend gemachten Rachen eines Götzen hineinopferten (2 Kön 16, 3; 23, 13 ff; Jer 7, 19; vgl. Mk 9, 47). Modernes Bild für den gleichen Sachverhalt könnte ein Rauschgiftsüchtiger sein, der nach einer Entziehungskur im Fernsehen gefragt wurde: „Wollen Sie aufhören?" Er sagt: „Ja." – „Kehren Sie in die gleichen Kreise zurück?" Er sagt: „Ich sehe keinen Grund, es nicht zu tun." – „Geben Sie sich dann eine Chance?" Er sagt: „Kaum." Modernes Bild könnte auch das Schicksal der Alkoholiker sein, wie es von Rußland erzählt wird: Zweimal bekommt der Alkoholiker vom Staat das Angebot zu einer kostenlosen Entziehungskur. Wenn er noch einmal rückfällig wird, kommt er in ein Lager. Dort gibt es Alkohol nach Belieben, und deshalb kein Zurück.

Vorübung

Am besten wird der Leser selbst nach einem Bild suchen, in dem für ihn die Wirklichkeit der Hölle sichtbar wird; von diesem Bild ausgehend, sollte man bitten um das Verspüren einer solchen Situation, „daß, wenn ich wegen meiner Fehler die Liebe des Ewigen Herrn vergessen sollte, mir wenigstens die Furcht vor den Strafen dazu verhelfe, nicht in Sünde zu fallen“ (65).

Übung

In der folgenden Übung geht es darum, die Gefühle nachzuempfinden, die der Verlorene hat. Das geschieht, indem man von eigenen Bedrohungen ausgeht und die im eigenen Leben und in Fremdbeobachtung gemachten Erfahrungen als sein eigenes Leben zusammenschaut, wie es sein und werden könnte. Dabei dürfte es jedem Leser leichtfallen, die Hölle des Konsums, die Hölle der Beziehungen, die Hölle der psychischen Krankheit, die Hölle der Sucht, die Hölle der Schuld, die Hölle des Gefängnisses usw. sich auszumalen. Diese Übung kann auch so gemacht werden, daß man von den fünf Sinnen ausgeht und diese dazu verwendet, das Motiv der Strafe zu spüren (66–70):

- *Sehen:* die Hölle der Lebensgestaltung. Das ist die Formlosigkeit: Langeweile, Resignation, Rebellion, die Masse, die immer gleiche Erfahrung in festen Schemata. Das *Kreative* ist kaputt, die Entfaltung, das Spiel, das Sehen und das Neuentdecken.
- *Hören:* die Hölle der Kommunikation. Das ist die Sprachlosigkeit: Gleichgültigkeit, Rollenfixiertheit, Abhängigkeiten, Reden ohne Verstehen, nur noch Ablauf, Fremdbestimmtheit, Maske. Die *Kommunikation* ist kaputt, das Sich-Anreden, Beschenken, Wecken, Bejahen.
- *Riechen:* die Hölle der Atmosphäre. Das ist die Vergiftung und

seelische Abgestandenheit: Mißtrauen, Spannung, Gereiztheit, Druck, Lüge. Die *Freude* ist kaputt, die Gelöstheit, die Reinheit und Lauterkeit, das Vertrauen, das Sich-Lassen, das Angenommensein.

- *Kosten:* die Hölle der Gefühle. Das ist die Schuld, die Angst, die Verbitterung: das Nicht-mehr-fertig-Werden, das Verbogen-Sein, das Verzweifelt-Sein, die Belastung durch verdorbene Vergangenheit. Der *Friede* und die *Verzeihung* sind kaputt, das Neu-anfangen-Dürfen, das Unbeschwert-Sein, das Leben.
- *Ertasten:* die Hölle der Einflüsse. Das ist die Reizüberflutung und Gefühllosigkeit: die Belastung durch Impulse, Stars, Götter, Technik, die Hemmungslosigkeit, Unbefriedigtheit, Gehemmtheit, Brutalität. Die *Sensibilität* ist kaputt, das Erfühlen, das Ertasten, das Ehrfurchtsvolle.

Schlußübung

Das Ziel auch dieser Übung ist der Dank und die Reue. Beides steht sehr nahe dem Gebet und verlangt deshalb Zeit und Raum dafür.

Übersichtstafel für die Übungen zur Reue

2.1 Die Sündigkeit der Welt

Vorübung:	– Ich empfinde ‚die Welt als Kerker'
	– Ich bitte um ‚Beschämung und Verwirrung'
Erste Übung:	Meine Gefährdung durch Ideologien (Engelssünde)
Zweite Übung:	Die Belastung durch meine erblichen Anlagen (Erbsünde)
Dritte Übung:	Die Zufälligkeit in meinem Leben (Einzelsünde)
Schlußübung:	Zwiegespräch mit dem Gekreuzigten

2.2 Die eigene Sündigkeit

Vorübung:	– Ich empfinde ‚die Welt als Kerker'
	– Ich bitte um Schmerz über die eigenen Sünden
Erste Übung:	Der Lebensüberblick
Zweite Übung:	Häßlichkeit der Sünde
Dritte Übung:	Die eigene Wertminderung
Vierte Übung:	Vergleich mit Gott
Fünfte Übung:	Übung des Staunens
Schlußübung:	Dank und Vorsatz

2.3 Die Drohung der Hölle

Vorübung:	– Ich schaue die Hölle
	– Ich bitte um Wirksamkeit der Furcht
Erste Übung:	Sehen – die Hölle der Lebensgestaltung
Zweite Übung:	Hören – die Hölle der Kommunikation
Dritte Übung:	Riechen – die Hölle der Atmosphäre
Vierte Übung:	Kosten – die Hölle der Gefühle
Fünfte Übung:	Ertasten – die Hölle der Einflüsse
Schlußübung:	Dank und Reue

DRITTES THEMA

Die Zehn Gebote – christliches Lebensprogramm

Von Georg Sporschill

Im Alten Testament wird der Wille Gottes für sein Bundesvolk in ‚zehn Worten' – im Dekalog – formuliert und zusammengefaßt (Ex 20, 2–17; Dt 5, 6–21). Diese biblischen Gottesgebote haben nicht nur bei den Juden, sondern auch im Neuen Testament und durch die ganze Kirchengeschichte hindurch – in der heutigen Einteilung seit Augustinus – eine zentrale Stellung in der praktischen Verkündigung. In Katechismus und Beichtspiegel haben wir gelernt, unser Leben vor Gott nach den Zehn Geboten zu prüfen; wir haben daraus Lebensweisung und Sinngebung erfahren. Wir haben aber auch erfahren, daß die Gebote Gottes ihre lebensbestimmende Kraft verloren haben, genauso, wie wir menschliche Liebe und die Beziehung zu Gott verloren haben. Wenn Gott in Frage gestellt wird, werden seine Gebote leer. Nur wer die Liebe und Nähe Gottes erlebt, kann je neu zum Sinn und zur Bedeutung seiner Gebote finden. Im folgenden wird versucht, die Grundsatzfrage nach Gott zu stellen und Möglichkeiten der Gotteserfahrung nachzuspüren. Unter dieser Voraussetzung wird der Versuch gemacht, die zehn Einzelanweisungen mit heutigen Mitteln der Sprache und wissenschaftlichen Erkenntnis hinein in Fragen des modernen Menschen zu übersetzen. Ziel ist die *Begegnung mit Gott in allen Lebensbereichen* durch die Auseinandersetzung mit seinen Geboten.

Die Zehn Gebote sind unaufgebbarer – biblisch-kirchlich formulierter – Ausdruck des Willens Gottes. Auch wenn der einzelne

Christ aufgrund seiner Erfahrung und Probleme Schwerpunkte setzt und persönliche Wege und Formen der Gewissenserforschung und Vorbereitung auf die Beichte finden muß, sind die Lebensbereiche, wie sie in den einzelnen Geboten angesprochen werden, der von Gott gesetzte Maßstab dafür. In diesem Sinne sind die folgenden *Überlegungen mit Übungen zur Gotteserfahrung (erster Teil)* und die *Einzelanweisungen mit Fragen (zweiter Teil)* als Überblick und zur Auswahl dem einzelnen Christen als Anstoß und Hilfe für seine persönliche christliche Lebensgestaltung angeboten.

1 Grundsatzerklärung: Ich bin der Herr, dein Gott

1.1 Glaubensfrage

Viele Menschen bezeichnen sich als gottgläubig. Sie bekennen, an Gott zu glauben, oder sagen zumindest: „Es gibt ein höchstes Wesen." Diese Bekenntnisse sagen zunächst noch nichts über die Art, wie die Gläubigen ihre Überzeugung leben, wo sie Gott begegnen und dienen, wie sie ihren Gott benennen. In einem sind sich aber die Christen mit allen Gottgläubigen – zumindest theoretisch – einig: Der Glaube an Gott ist das wichtigste im Leben. Gott ist letzte Autorität, die über Heil und Unheil entscheidet. Er ist Angelpunkt aller menschlich bedeutsamen Fragen. *Wer an Gott glaubt, ordnet sich selbst in ein Weltbild ein, dessen Mitte Gott ist; ein Weltbild, das dem Menschen die Rolle des Hörenden und Gehorchenden, des Angesprochenen und Betenden zuweist.* Sonst ist es kein ‚Gott', kein ‚höchstes Wesen'. Der Anspruch eines solchen Glaubens umfaßt das ganze Leben des Menschen. Politische Entscheidungen, physisch meßbare Vorgänge, gesellschaftliche Entwicklungen, persönliches Verhalten und Zeitmeinungen – kurz: alles, was dem Menschen sichtbar begegnet und sein Leben bestimmt, wird von Gott, dem unsichtbaren und unfaßbaren, in Abhängigkeit gesehen.

Dieser Glaube und das Leben aus dem Glauben ist immer bedroht, weil uns vieles näher liegt und sich attraktiver zeigt als Gott, von dem wir nur das Wort haben. „Wer mich liebt, wird mein Wort festhalten" (Joh 14,23). Die Angebote der Welt und der Menschen sind meist greifbarer und gewinnen deshalb schneller unser Herz als das Heilsangebot Gottes. Und wir sind nicht offen und geübt, in den Menschen und Dingen der Welt die Nähe und den Anruf Gottes zu entdecken. Das Maß ist von Zeit zu Zeit unterschiedlich, in dem die faßbare Welt den Menschen und sein Bewußtsein in Beschlag nimmt. Manchmal ist der Mensch beeindruckt von Entdeckungen und Änderungen, beeindruckt von der eigenen Macht. In diesem Horizont ist der Mensch auf sich allein, seine Probleme und seine eigenen Möglichkeiten zurückgeworfen. Manchmal wird er aber aufgeschreckt und herausgerissen aus dem Leben im Greifbaren und verwiesen auf das, was sich hinter der Oberfläche verbirgt, im letzten damit verwiesen auf Gott. Vielleicht kann man sagen, daß dieses Aufschrecken zusammenhängt mit der *Erfahrung der Sinnlosigkeit und Gebrochenheit des eigenen Lebens.* Nicht nur Kriege und Naturkatastrophen, auch konsumbedingte Lebensleere, die Ohnmacht des einzelnen in der Gesellschaft und menschheitszerstörende Fortschritte können solchen Durchbruch erbringen.

Der naturwissenschaftlich-technische und wirtschaftliche Fortschritt hat den ewig menschlichen Traum von der Emanzipation neu geweckt. Der befreiende Blick des Menschen auf all das, was er leisten und selbst schaffen kann, hat eine Kehrseite. Diese neu erfahrene Freiheit steht auf dem Spiel, wenn die Grenzen nicht erkannt werden und der Mensch sich selbst nicht mehr als Geschöpf erkennt. So ist der moderne Mensch in besonderem Maße dem Sichtbaren und Greifbaren verhaftet. Viele Probleme, die uns durch die ‚Grenzen des Wachstums' bewußt werden, zeigen gleichzeitig mit dem Fortschritt den Verlust an Lebensqualität, menschlicher Tiefe, Gemeinschaft und Gerechtigkeit an. Damit hängt eng die Erfahrung zusammen, daß unsere Zeit wenig mit Gott anfangen kann und die Sehnsucht nach Gott verdrängt. Wir leben in einer *Zeit der Gottferne.* Man spricht deshalb viel von der Glaubenskrise. Innerhalb der Industrienationen machen Statistiken über Kirchenaustritte und kirchliche Praxis sowie die vielen Veröffentlichungen, die vom Tod Gottes sprechen, deutlich den Zweifel und die Resignation an der Wirklichkeit Gottes sichtbar. Für viele Zeitgenossen ist die endgültige Abschaffung Gottes nur noch eine Frage der Zeit.

Die Gottferne und Gottvergessenheit bringt es mit sich, daß mit Gott auch seine Gebote grundsätzlich in Frage gestellt werden. Heute von den Zehn Geboten zu reden, setzt deshalb voraus, daß der *Ursprung und die Autorität dieser Gebote* zuerst bedacht werden: ‚Ich bin der Herr, dein Gott.' Dies ist eine Frage an unsere Gotteserfahrung. Wenn wir die Erfahrung Gottes und des Heiligen verloren haben, kann uns nichts mehr unbedingt in Anspruch nehmen. Gott verspricht dem Menschen die Treue. Die Zusage des Bundes: ‚Ich bin der Herr, dein Gott', steht als Überschrift über allen Zehn Geboten und entscheidet für jeden Christen über die Sinnhaftigkeit, von diesen Geboten her sein Leben zu befragen. Von dieser Überschrift hängt es ab, ob die Gebote für uns heute lebenspendende und -gestaltende Kraft haben.

Zur Zeit der Formulierung der Zehn Gebote in Israel, mehr als 1000 Jahre vor Christus, gab es die sogenannten ‚Vasallenverträge', die das Verhältnis eines Großkönigs zu allen ihm untergebenen Königen regelten. In diesen Verträgen, die von den Hethitern bekannt sind, steht als eine Art Überschrift eine Grundsatzerklärung wie: ‚Ich bin dein Herr.' Daraus werden dann Einzelbestimmungen für praktische Fragen, wie Finanzabgaben, Schutz durch das Heer des Großkönigs, diplomatische Beziehungen zu fremden Staaten und gegenseitige Verbindung, abgeleitet. Aus der Grundsatzerklärung und den Einzelbestimmungen folgen dann ‚Segen und Fluch'. Die untergebenen Könige erhalten vom Großkönig die Zusage von Vergünstigungen und Vorteilen, wenn sie den Vertrag einhalten. Für den Fall einer Verletzung sind ihnen Strafen angedroht. Ein Vasallenvertrag steht und fällt in seiner Bedeutsamkeit mit der Existenz des ‚Herrn' und seiner Macht. Wenn der Großkönig seine Macht verliert oder ohne Nachfolger stirbt, ist der Vertrag zwar rechtlich vorhanden, aber bedeutungslos geworden; denn weder Segen noch Fluch sind mehr mit ihm verbunden. – Ähnlich ist es im Verhältnis des Menschen zu Gott.

Wenn Gott tot ist oder nicht mehr in seiner Machtfülle in Erscheinung tritt, sind die Zehn Gebote leere Gesetze. Dann löst sich der Dekalog auf in einzelne Gebote und Verbote, die Forderungen stellen, aber fürs Leben nichts bringen. Wer daran trotzdem festhält, ist in seiner Traditionsgebundenheit und Treue zu bewundern, aber er ist zugleich wirklichkeitsfern. Der Weg, die Zehn Gebote neu zu verstehen und in ihrem Lebensbezug zu erfahren, verlangt deshalb zunächst den Versuch, sich Gott als dem Herrn neu zu unterstellen, vor ihn hinzutreten und zu sagen: ich glaube.

Wie ist das möglich? Wie kann ein Mensch vor Gott hintreten und diesen totalen Anspruch akzeptieren? Wie kann er die Überschrift der Zehn Gebote existentiell vernehmen? Ein Willensakt oder intellektuelle Anstrengung allein sind einem solchen Anspruch gegenüber zu schwach und zuwenig. Erfahrungen sind Voraussetzung dafür, daß ich mich diesem Anspruch unterstellen kann. Die vorausgegangene Begegnung mit Gott und befreiende Erfahrung allein können Grund und Motivation für den Glauben des Menschen sein. Der Anspruch ‚Ich bin der Herr, dein Gott' ergeht an jene, die der Herr befreit hat, die er aus dem Lande Ägypten, aus dem Sklavenhaus, herausgeführt hat. Wer nach den Zehn Geboten fragt, muß zuerst *diese Erfahrung Gottes in seinem Leben entdecken.*

Die Begegnung mit Gott, wie sie Mose am brennenden Dornbusch (Ex 3–4) und am Sinai (Ex 19–20; 31–32) erfahren hat, war ein erschütternd-erschreckendes Erlebnis, kein willentlicher oder verstandesmäßiger Entschluß. Gott hatte gehandelt, nicht Mose. Mose wurde in Beschlag genommen, angeredet, gerufen. Er war Werkzeug für Gott, nicht dessen Erfinder. Und für Mose war die Offenbarung ein Lebensauftrag, dem er gehorchte. Er hat die Begegnung mit Gott nicht vergessen, sondern darüber nachgedacht. Er hat sich zwar gefürchtet, er ist müde und im Glauben unsicher geworden, wenn er auf die Not und die Sklaverei in Ägypten schaute. Wenn er diese menschliche Situation bedachte, zweifelte er an der Macht Gottes; aber er hat trotzdem immer neu versucht, entsprechend seinem Auftrag zu handeln. Er hat dadurch gelernt, mit dem unsichtbaren Gott, der mit-geht, zu reden und zu leben. Gott ist für ihn die echte Wirklichkeit geworden – in der Erfahrung der Freiheit.

1.2 Glaubenserfahrung

Ähnliche Erfahrungen wie Mose haben alle Menschen gemacht, die an Gott glauben. Als Christen sind wir gerufen, uns wie Mose der Gotteserfahrung zu öffnen und sie in unserer persönlichen Lebensgeschichte zu entdecken. Die folgenden fünf Gesichtspunkte (mit Übungen) können wahlweise helfen, die Gegenwart und Mächtigkeit Gottes in der Meditation zu erfahren. Nur aus solchen Erfahrungen heraus werden wir zur Glaubensentscheidung befähigt, zur Entscheidung, ob die Grundsatzerklärung über den Zehn Geboten – ‚Ich bin der Herr, dein Gott' – Gültigkeit für mein Leben hat oder nicht. Diese Entscheidung wird nur möglich, wenn wir alle Wege, auf denen der Anruf des unsichtbaren Gottes geschieht, gehen, bedenken und in das Bewußtsein heben. Der Versuch lohnt sich, auch wenn man weiß, daß er nur ansatzhaft gelingen wird!

1.2.1 Das Ritual

Wie Mose haben wir in religiösen Feiern und Formen, in Gebet, Gottesdienst und Symbolen Gott erlebt; wir haben darin den Glauben angenommen und den Anspruch ‚Ich bin der Herr, dein Gott' erfahren.

Kennzeichnend für das Ritual ist die vorgegebene Form (festgelegter Ablauf traditioneller Handlungen, die nicht rational erklärbar sind) und die Ausrichtung auf die Gefühle (Schmuck, Erinnerung, Lichter, Kerzen, Gewänder, Gesänge, Symbole). Das Ritual spricht den ganzen Menschen in seinen Gefühlstiefen an und eröffnet im gläubigen Vollzug die Begegnung mit Gott. Das Ritual ist aufgrund seines Wesens – Form, Gefühl, Tradition – immer in der Nähe zum Kitsch und in der Gefahr der Lebensferne und bedarf deshalb dauernder Pflege und Verlebendigung.

Zur Diskussion: Eine ältere Frau und ein jüngerer Priester sprachen über die Schubertmesse. Der Priester sagte: „Der Text ‚selig pocht's in meiner Brust', das ist zu dick." Die ältere Frau antwortete: „Aber, Herr Pfarrer, das ist so bei mir."

Symbolmeditation: Unter welchem Symbol stelle ich mir Gott vor? In welchem Symbol drückt sich für mich die Achtsamkeit Gottes, seine Liebe, seine Gerechtigkeit... aus? (zum Beispiel Auge, Herz, Feuer).

Sammeln Sie religiös-liturgische Symbole, und versuchen Sie in der Meditation, diese als sichtbare Zeichen für Gottes Gegenwart oder Eigenschaften zu deuten.

1.2.2 Die Bibel

Wie Mose haben wir Geschichten von Gott gehört; wir haben dadurch in der Familie, im Unterricht, in der Kirche, in der Lektüre Gott kennengelernt.

Besonders bei Kindern prägen sich biblische Geschichten tief und bleibend ein. Die kindliche Seele ist für das Hineinschreiben von Gottes Wort offen. Dies geschieht in der frühen Glaubensgeschichte des einzelnen, lange vor intellektuellem Verständnis des Inhalts und vor moderner Erklärung. Deshalb muß der Erwachsene werden wie ein Kind (Mt 18, 1–5), damit er wieder lernt, Gott in Bibel und Geschichte zu begegnen. Wie der alte Israelit soll er sich vom Heiden dadurch unterscheiden, daß er die Geschichte mit Gott, wie sie andere Menschen vor ihm und beispielhaft erlebt haben, auf sein Leben anzuwenden und in sein Leben hineinzunehmen weiß. Gott hat zu uns gesprochen in Gesetz und Propheten (Lk 24,27), er spricht zu uns in seinem Sohn, den wir gekreuzigt haben (Apg 2,22ff). Darin redet Gott den einzelnen an, begegnet ihm und sagt ihm: ‚Ich bin der Herr, dein Gott.'

Zur Diskussion: Nach einem Vortrag über die Bibel sagte ein Zuhörer wegwerfend: „Mit der Bibel kann man alles beweisen." Der ältere Priester, der den Vortrag gehalten hatte, dachte nach und sagte dann mit einer stillen Freude: „Ich glaube, Sie haben recht. Kein anderes Buch kann so mißbraucht werden. Gott ist eben wirklich Mensch geworden."

Bibelmeditation: Welche biblische Geschichte zeigt mir am deutlichsten, wer Gott für mich ist? (zum Beispiel der brennende Dornbusch, der barmherzige Vater).

Es gilt, sich diese Geschichte zu vergegenwärtigen, sich die Eigenschaften Gottes, die darin sichtbar werden, bewußtzumachen und so zum Dank, zur Reue... zum Gebet zu kommen.

1.2.3 Die Mitte

Wie bei Mose ist Gott – schon vor unserem Denken – als tief verwurzelte Mitte in unserem Leben gegenwärtig. Er ist in uns da, wir sind in ihm verwurzelt, auch wenn wir zweifeln an der Heilsmacht Gottes, wenn wir die Erfahrung der Not und unsere Probleme bedenken.

Eltern, die nicht praktizieren und von Gott und Religion nichts halten, führen vielfach ihre Kinder in die Kirche und zu den Sakramenten. Darin wird eine tiefe Verbindung zu Gott sichtbar (wenn es nicht nur ein politisch-gesellschaftlich überlegter Schachzug ist). Diese Verbindung zu Gott hat etwas mit einer weltanschaulichen Grundeinstellung zu tun, mit einer Überzeugung, die in einer so tiefen Schicht menschlicher Existenz beheimatet ist, daß sie sich auch gegen die alltägliche Praxis durchsetzt. Das Beispiel zeigt, daß der Mensch von Voraussetzungen her lebt, die ihm selbst zum Teil nicht bewußt sind, zum Teil sogar seiner bewußten Überzeugung widersprechen. Es ist das Gefühl einer nur in Gott vorhandenen Rückgebundenheit und Sicherung menschlichen Lebens. Der Mensch sehnt sich nach dem festen Punkt, der Mitte, dem Halt. Und selbst der Aufgeklärte und vom Unglück Verschonte spürt in tieferer Dimension die Unsicherheit, ob es diese Mitte nicht gibt, ob er in seiner Selbstsicherheit die tragende Sicherheit Gottes nicht übersieht.

Zur Diskussion: Manchmal passiert es heute, daß Geistliche dem Zeittrend entsprechend einem Kind die Taufe oder Erstkommunion verweigern, weil die Eltern beim vorbereitenden Gespräch zugeben, daß sie selbst überhaupt nicht praktizieren. Gerade einfache Eltern antworten auf diese Provokation oft so: „Aber hören Sie mal, wir sind doch Christen.“

Metaphermeditation: Gott ist für mich wie ... (zum Beispiel wie der Blitz; wie die Liebe, von der ich träume; wie das Fundament einer Autobahnbrücke).

Besonders wertvoll wird dieser Meditationsansatz, wenn es in einer Gruppe zum gegenseitigen Austausch der verschiedenen Metaphern kommt.

1.2.4 Die Natur

Wie bei Mose sind der Dornbusch, die Wüste, das Meer und die Berge – die Natur in ihrer verdeckten, aber gewaltigen Sprache – und die Erfahrung in ihrer tiefsten Dimension, die Erfahrung des Menschen in der Begegnung, ein je neuer Anstoß zum Staunen, Erschrecken, ein Anruf.

Es gibt kaum einen Jugendlichen oder Erwachsenen, die auf die Frage ‚Wo habe ich Gott am ehesten verspürt?‘ – nach Zögern und Bedenken – nicht eine Antwort, irgendein kleines Erlebnis wüßten. Was darin sichtbar wird, ist kein Gottesbeweis; es geht um die Erfahrung der Grenze, des Größeren, des Ersehnten. Dieses Gefühl und Bedürfnis ist am ehesten in der Begegnung und im mitmenschlichen Gefordertsein spürbar, aber auch in jedem anderen Erlebnis mit dem, was dem Menschen als Natur vorgegeben ist. Die besondere Schwierigkeit des modernen Menschen, zu solcher Tiefe des Erlebnisses vorzustoßen, dürfte durch die Faszination der Natur- und Humanwissenschaften entstanden sein, die den Blick so verengt, daß nur noch der Sinn und die Größe menschlichen Schaffens, nicht mehr die tiefere Sinnhaftigkeit der zugrundeliegenden Natur gesehen wird. Der Wasserkreislauf, eine Pflanze, ein menschliches Organ sind Kunstwerke, die den Schöpfer zeigen.

Zur Diskussion: Ein junger Mann erzählte: „Es war auf einer Reise durch Griechenland. Ich war Reiseführer; für die Erklärungen aber war ein Grieche verantwortlich. Dieser war so unsympathisch, daß schon nach dem ersten Tag alle Teilnehmer aggressiv gegen ihn reagierten. Da kam mir plötzlich, daß ich in diesem Menschen Christus als meinen Bruder sehen solle. Ich nahm ihn an, hörte ihm zu; ich gab ihm meine ganze Zeit – darin habe ich Gott erfahren.“

Lebensgeschichtliche Meditation: Wo habe ich Gott in meinem Leben am ehesten spürbar erfahren?

Es geht darum, ein – möglichst frühes – Erlebnis zu entdecken und unter der Fragestellung zu meditieren, warum mir gerade dieses Erlebnis als Gottesbegegnung eingefallen ist. Es kommt nicht auf die Größe des Ereignisses an; es könnte ein Spaziergang, ein Gesicht oder auch eine gute Tat sein.

1.2.5 Die Autorität

Wie Mose entdecken wir in unserem Leben eine Autorität, wie sie Menschen nie haben. Wir sind auf vielfältige Weise von dieser Autorität bestimmt; sie weckt in uns Gefühle von Angst bis Geborgenheit; es ist eine Autorität, die im Handeln verpflichtet, Weisungen gibt und Ordnungen schafft.

Eines der Probleme moderner Gesellschaft ist die Autoritätsgläubigkeit und entsprechend dazu die Herrschsucht. Wer getreten wird, hat das Bedürfnis, die Tritte an andere weiterzugeben. Der Zunahme an Unterdrückung von Menschen durch Menschen entspricht die Abnahme von allgemein anerkannten Regeln und Weisungen. Das Paradies solcher Freiheit erweist sich demnach als Illusion. Je ungebundener und unkontrollierter Menschen leben, desto mehr werden sie wie Wolf gegen Wolf. Die biblische Paradiesesgeschichte behauptet, daß wegen der Sünde Leben und Freiheit nur möglich sind in Buße und Verzicht, in Unterordnung unter Gebote und Weisungen. Es ist Stolz des Menschen, aber auch sein Untergang, sich von solcher Autorität zu lösen. Gott kann nicht Autorität sein, ohne in das Leben des Gläubigen weisend und regelnd einzugreifen. Weisungen Gottes werden wertlos und wirken unterdrückend, wenn seine Autorität nicht mehr anerkannt wird. Aus diesem Zusammenhang läßt sich ableiten, daß aus den Zehn Geboten, den Weisungen Gottes, seine Autorität erspürt werden kann; umgekehrt verweist die Autorität Gottes auf die Durchführung und Verwirklichung seiner Gebote. Die Befolgung der Gebote ist ein Weg zur Gotteserfahrung. Die anfanghaft vorhandene Gotteserfahrung ist eine Kraft zur Befolgung seiner Gebote.

Zur Diskussion: In der Kirche wird seit Jahren dahin gewirkt, daß der Christ in der Messe auch zur Kommunion gehen soll. In einem Jugendlager gab es großes Nachdenken, als der Geistliche vor der Messe sagte: „Ich bitte euch, den Mut aufzubringen, vom Kommunionempfang fernzubleiben, wenn einer sich nicht auf diesen Gottesdienst vorbereitet hat, wenn er länger nicht in die Kirche gegangen ist, wenn er sich nicht die Frage gestellt hat, ob er würdig ist."

Projektionsmethode: Der Übende stellt sich einen Freund mit seinem normalen Tagesablauf vor. Er sucht darin Situationen, in denen der Wille Gottes – als verhaltensverändernde Norm – den Freund vor Entscheidungen stellt.

Es geht dabei um die Entdeckung von Kleinigkeiten, wie zum Beispiel das Verhalten am Morgen, auf der Straße, die Wahl des Fernsehprogramms.

2 *Einzelanweisungen: Die Zehn Gebote*

Die Grundsatzerklärung ‚Ich bin der Herr, dein Gott' ist gleichsam die Überschrift für die folgenden zehn Einzelanweisungen. Es ist die ‚Selbstvorstellung' Gottes, die den Menschen an seine Erfahrung mit Gott erinnert und vom Menschen die Anerkennung der Autorität Gottes fordert. Die gläubige Beziehung zu Gott macht es für den Menschen erst sinnvoll und möglich, die eigene Lebensweise nach den Zehn Geboten auszurichten. Dies – als Voraussetzung – kann dann auch die Mißverständnisse erhellen, die sich in der heute verbreiteten Kritik an den Zehn Geboten verbergen.

Den Zehn Geboten wird vorgeworfen, sie seien „Manifest einer despotisch-willkürlichen, angemaßt-autoritären, patriarchalischen und repressiven Ideologie für eine archaische Gesellschaft unmündiger oder entmündigter Menschen“ (zit. nach Th. Koch, Gott – wer ist das eigentlich?: Die 10 Gebote heute. Hrsg. vom Kinderhilfswerk e.V., München 1973, Bd. 1,60). Dasselbe Mißverständnis zeigt sich auch, wenn den Zehn Geboten das Hauptgebot der Liebe gegenübergestellt wird oder wenn an die Stelle der Zehn Gebote mit Berufung auf Jesus Begriffe wie Liebe, Gnade, Angenommensein gesetzt werden. *Das Liebesgebot ist kein Gegensatz,* sondern eine Zusammenfassung oder Überhöhung der Zehn Gebote. Jesus hat die Zehn Gebote nie geleugnet, sondern durch sein Leben nach den Geboten einen Weg eröffnet, sie neu und tiefer, sie ‚endgültig‘ zu verstehen.

In heutigen Mißverständnissen wird beim Dekalog einerseits die Grundsatzerklärung, die den Sinn und die Autorität der Gebote angibt, weggelassen. Andererseits wird übersehen, daß die menschliche Zielvorstellung, die mit Liebe umschrieben wird, der Übersetzung in eine konkrete Ethik, in einzelne Ansprüche für die Praxis bedarf. Sonst besteht die Gefahr, daß die Liebe zum Schlagwort oder zur Leerformel wird. Menschliche Zielvorstellungen, die nicht in Einzelanweisungen für die Praxis übersetzt werden, sind zu theoretisch und sind keine Hilfe und Orientierung für die Lebensgestaltung des einzelnen. Gerade unter dem Deckmantel christlicher Begriffe wie „Freiheit‘ oder ‚Liebe‘ versuchen heute fremde Mächte und Götter, den Menschen zu manipulieren.

Der Dekalog will den Weg zu Heil und Befreiung weisen. Er spricht die Motivation des Menschen an, sich Gott zu unterstellen und ihm zu vertrauen: ‚Ich bin der Herr, dein Gott, der ich dich aus dem Lande Ägypten, aus dem Sklavenhause, herausgeführt habe.‘ Der Dekalog übersetzt diesen Anspruch in zehn Einzelanweisungen, um den Glauben unmißverständlich und vollziehbar zu machen. Gerade in dieser Konkretheit, in der Gott hier spricht, liegt eine Herausforderung an den Menschen. Eine christliche Lebensgestaltung bedeutet, das im Dekalog bestimmte Programm zu übernehmen und als Ausrichtung des eigenen Lebens je neu zu versuchen. Die einzelnen Anweisungen können nur durch den eigenen Versuch und den persönlichen Vollzug verlebendigt und in ihrer Sinnhaftigkeit erfahren werden. Diese Aufgabe kann niemandem abgenommen werden. Die folgenden Überlegungen wollen dazu eine Hilfe sein – durch den Versuch, die Lebensbereiche, die den einzelnen Geboten entsprechen, in heutiger Sprache zu benennen. Dies hat dazu geführt, die einzelnen Gebote *erstens* in ihrer direkten Aussage auf heutige Fragen zu übersetzen und *zweitens* diesen primären Bereich auszufalten hin auf all jene menschlichen Probleme, die davon betroffen sind. Um den Leser zur persönlichen Auseinandersetzung mit dem Inhalt des Dekalogs und zur Konfrontation mit dem eigenen Leben zu führen, sind bei jedem Gebot beispielhaft Fragen angeführt.

2.1 Das erste Gebot: Du sollst neben mir keine fremden Götter haben

2.1.1 Das persönliche religiöse Leben

Die Liebe Gottes verlangt als Antwort die Hingabe des Menschen, die – wie in jeder Beziehung – in Gefühlen besteht und nach je neuem Ausdruck im Leben sucht. Der Mensch bringt seinen Glauben an Gott, die Bereitschaft, sich von Gott führen zu lassen, im persönlichen religiösen Leben zum Ausdruck. Gebet, Meßbesuch, Sakramentenempfang, religiöses Gespräch, Meditation, Bibellesung, christliche Lektüre und Wohnraumgestaltung sind menschliche Zeichen für das Interesse und die Hingabe an Gott. Diese Beziehung ist von Gefühlen geprägt. Angst, Resignation, Hoffnung, Sehnsucht, Liebe, Treue, Unsicherheit, Absicherung, Stolz und Demut – all das kann sich in einem regen und in einem schwachen persönlichen religiösen Leben zeigen. Die erste Frage zum ersten Gebot zielt auf den *Bereich des persönlichen religiösen Lebens,* in dem die Beziehung zu Gott ihren Ausdruck findet.

2.1.2 Die fremden Götter

Die Beziehung zu Gott greift in das Leben des Christen ein und bestimmt sein Verhältnis zur Umwelt. Konflikte entstehen dort, wo Menschen oder Dinge Gott in seiner Stellung als erste Bezugsperson des Glaubenden bedrohen. Nichts im Umgang mit der Welt ist in sich schlecht, alles kann aber zum Götzen, zum Ersatz oder zur Konkurrenz für Gott werden. Die Abhängigkeit von fremden Göttern ist eine Frage an das eigene Gefühl, eine Frage nach der inneren Freiheit im Gebrauch von Dingen und im Umgang mit Menschen. Aberglaube, Horoskop, Fernsehen, Körperkult, Idole in Musik oder Sport, Faszinationen durch die moderne Welt oder durch gleißende Ideen, aber auch Arbeit, Beziehungen, Hobbys sind in sich zweideutig. Jeder Mensch hat solche Bestimmungen, für die er Zeit, Geld und Mühe verwendet. Das ist notwendig. Diese Bestimmungen können dem Menschen sowohl Freiheit geben als auch nehmen; sie können in der persönlichen Wertordnung richtig stehen, sie können aber auch über- oder unterbewertet werden. Diese Bestimmungen sind das Feld menschlichen Handelns, in dem die fremden Götter faßbar werden. Fremde Götter zeigen sich meist dort, wo ich abhängig bin, wo ich fliehe, wo ich verdränge, wo ich lüge. Jeder hat fremde Götter, wenn sie auch nicht sofort zu entdecken sind. Aktivität und Passivität, Hobby und Langeweile, Sucht und Verzicht, Geistiges und Körperliches – all das kann in den Bestimmungen des Lebens Konkurrenz zu Gott oder Dienst an Gott sein. Die zweite Frage zum ersten Gebot zielt auf den *Bereich der persönlichen Bestimmungen,* in denen der Mensch sich zwar in Worten zu Gott und seiner Wertordnung bekennt, aber nicht danach lebt.

2.1.3 Für den einzelnen ergeben sich daraus als Fragen:

1. Habe ich gebetet? Warum bete ich nicht so oft und in der Art, wie es mich zufrieden machen würde? Habe ich irgendwann darüber nachgedacht oder versucht, etwas zu ändern? – Habe ich an der Messe teilgenommen? Warum mache ich in der Messe nicht die Erfahrung Gottes? Wo wirkt sich die Mitfeier der Messe auf

mein Verhalten aus? – Wo beschäftige ich mich mit Gott im Gespräch, in der Lektüre ...? Wo zeigt sich Gott in meinem Lebensraum im religiösen Symbol? Wie sind meine Gefühle?

2. Welche Bestimmungen haben in meinem Leben Gewicht? Bei welchen habe ich ein gutes, bei welchen ein ungutes Gefühl? Fremde Götter hat jeder! Welches sind meine Gefährdungen? Wo in meiner Lebensgeschichte hat die einzelne Gefährdung meines Glaubens begonnen? – Was ist in meinem Leben der größte Konkurrent für Gott? Wo bin ich am stärksten in der Gefahr, abhängig und hörig zu sein? In welcher Weise bedroht dieser fremde Gott mein Leben?

2.2 Das zweite Gebot: Du sollst den Namen Gottes nicht achtlos aussprechen

2.2.1 Das Reden von Gott

„Die Kenntnis des Namens gibt Macht im Umgang mit dem Betreffenden. Man kann ihn anreden, seinen Namen vor anderen loben oder schmähen. Wir sind sofort präsent, wenn plötzlich unser Name gerufen wird. Und was gibt es Schöneres, als den Namen eines innig geliebten Menschen auszusprechen? Wie kristallisiert sich jeweils ein ganzes Leben um den Namen herum" (G. Ebeling, Die Zehn Gebote. Tübingen 1973, 78f). Wenn ich einen Namen mißbrauche, schade ich scheinbar niemandem. Aber ich verändere mich: der andere wird in mir dadurch kleiner, uninteressanter verächtlich. Mein Verhältnis zum anderen zeigt sich darin, wie ich von ihm spreche, und ‚verdichtet' sich in der Art, wie ich seinen Namen ausspreche.

Der Name Gottes, nach dem sich der Christ nennt, ist der bedeutungsvollste Name, den der Glaubende kennt. Gott hat sich mit Namen geoffenbart. Der Mensch kann ihn anrufen. Im Reden mit und von Gott drückt sich das persönliche Gottesverhältnis aus. Ich kann nicht Gott für Gott oder das Heilige für heilig halten und die Namen dafür so verwenden, wie ich über irgendwelche Gegenstände spreche. Das achtlose Reden über Gott ohne das Gefühl, das einer inneren Beziehung entspricht, oder der Fluch zeigt eine Haltung der Gleichgültigkeit oder der Ablehnung Gottes. Der beabsichtigte wie der unbeabsichtigte Mißbrauch heiliger Namen zerstört in mir und in meiner Umgebung das Bild Gottes, die Beziehung zu ihm, die christliche Atmosphäre, die sich im Aussprechen von Namen verdichtet. Gott, Jesus, Kirche; religiöses Lied, Gebet, heilige Namen, heilige Gegenstände, heilige Orte; religiöses Verhalten von Älteren, von Ordensleuten oder Priestern – ob und wie ich davon spreche, ist nicht beliebig. Denn mit diesem Sprechen wird Gott ausgesagt. Die Dimension der Heiligkeit wird darin gespiegelt und bestimmt den Gebrauch und die Bedeutung solcher Worte im Mund des Christen. Menschen, die heilige Namen nicht brauchen oder achtlos gebrauchen, zeigen dadurch eine Beziehungsschwäche oder ein gestörtes Verhältnis zu Gott. Die erste Frage des zweiten Gebotes zielt auf den *Bereich des Redens,* in dem das Verhältnis des Menschen zum Heiligen seinen Ausdruck findet.

2.2.2 Die Haltung der Ehrfurcht

Im Aussprechen heiliger Namen tritt meine Glaubenshaltung zutage. Unbeteiligtes Reden über Gott bis hin zum Fluchen lassen sich nur verhindern, wenn ich mich um die Haltung der Ehrfurcht Gott gegenüber mühe, wenn ich menschlichen Hochmut als größte Gefährdung des eigenen Lebens aus dem Glauben erkenne. Wie ich von Gott rede, zeigt, ob ich Gott nach meinen Bedürfnissen und eigenen Urteilen verwende oder ob ich mich ihm als Ge-horchender, als Glaubender unterstelle (vgl. Phil 2,9ff).

Haltung und Ausdruck stehen in einem wechselseitigen Zusammenhang. Der Mensch kann sich ändern, indem er auf den Ausdruck achtet; er kann sich aber auch ändern, wenn er auf die Haltung achtet, die den Ausdruck bedingt. Die Haltung zeigt sich in Phantasie, Umwelteinflüssen, eingespielten Verhaltensweisen. Schlechte Witze, leichtfertiges Reden, einseitige oder belastende Lektüre, Gesprächsniveau im Bekanntenkreis, angepaßtes Verhalten oder kritisches Verhalten bei Meinungsverschiedenheit – all das kann ein Hinweis sein auf fehlende Ehrfurcht, auf stolzes, aber nicht menschlich beglückendes Darüberstehen, auf Flucht vor der Forderung nach Gehorsam Gott gegenüber. Die zweite Frage des zweiten Gebots richtet sich auf die *Haltung der Ehrfurcht,* die dem ehrfürchtigen Namensgebrauch zugrunde liegt.

2.2.3 Für den einzelnen ergeben sich daraus als Fragen:
1. Was bedeuten für mich Worte, die das Heilige bezeichnen? Wie denke und rede ich über Jesus, Gott, Maria, Heilige? Wie denke und rede ich über religiöse Vollzüge, wie Gebet, Messe, religiöses Lied, über das religiöse Verhalten anderer? Wie unterscheidet sich mein Reden über Heiliges von meinem Reden über andere Themen? Warum spielt die Dimension der Heiligkeit in meinem Leben eine so geringe Rolle? Was hat sich gegenüber meiner Kindheit verändert? Warum und wann?

2. Wo zeigt sich meine Ehrfurcht? Wo habe ich das Gefühl, daß sie fehlt? Wie stellt sich meine Phantasie dar – in Träumen, Wachträumen und Wünschen? Wie beurteile ich meine Umwelteinflüsse – meine Lektüre, meine Kontakte, mein Fernsehprogramm? Welche Verhaltensweisen an mir betrachte ich selbst als störend: Redewendungen, Aggressions- oder Verteidigungsmechanismen? Welchen tieferen Grund könnte meine fehlende Ehrfurcht haben?

2.3 Das dritte Gebot: Du sollst den Tag des Herrn heiligen

2.3.1 Der Sonntagsgottesdienst

Die Christen feiern seit den Anfängen der Kirche am ersten Tag der Woche das Herrenmahl. Sie feiern die Auferstehung, die Erlösung. Der Sonntag ist Gottesdienst-Tag. Stärker noch als in Gefühlen und Stimmungen, tragender als in persönlicher Andacht und Denken greift Gott durch die Verpflichtung zum sonntäglichen Gottesdienstbesuch befreiend und führend in das Leben ein. Solche – innerlich bejahte und frei übernommene – Verpflichtung ist als Teil des eigenen Lebens eine Gewohnheit, die sich als tragendes Lebensgerüst, als Ruf zur Veränderung und zur Besinnung auf die eigene Menschlichkeit erweist, gerade dann, wenn man in der persönlichen Erfahrung ideologisch-zeitbestimmten, psychologisch-altersbedingten, umwelt- und situationsbezogenen Schwankungen und Niederungen ausgesetzt ist. So wird das dritte Gebot als Geschenk Gottes an den Menschen offenkundig. Lob, Bitte, Dank, Sühne und Fürbitte holen den regelmäßigen Gottesdienstbesucher aus seinen Zwängen und öffnen sein Leben für Perspektiven. Es ist deshalb zuwenig, die Sonntagsmesse in ihrer Qualität nur an der guten Predigt, den verständlichen Fürbitten, dem entstehenden Kontakt oder an der guten Musik zu messen. Der Gottesdienst ist in seinem Wert primär zu beurteilen an dem, was ich durch meine Teilnahme zum Ausdruck bringe: Ehrfurcht, Gehorsam und Bemühen um Gebet und Sammlung. Die erste Frage zum dritten Gebot richtet sich auf die innere und äußere *Teilnahme am Sonntagsgottesdienst,* in der sich Christus als der Herr meines Lebens und der Gemeinde zeigte.

2.3.2 Die Sonntagsgestaltung

Das Leben des Menschen ist der Zeit unterworfen. Das Sabbatgebot setzt diese Dimension des Lebens – die Zeit – ins Verhältnis zu Gott. Damit bestimmt das dritte Gebot die ganze Lebenszeit des Menschen durch die Heraushebung des Sabbats als Tag des Herrn. Die Sonderstellung dieses Tages „erinnert an den Herrn der Zeit als den Herrn aller Tage“ (G. Ebeling, a.a.O. 86) und unterstellt die äußere Gestaltung der Zeit wie die innere Einstellung zur Zeit Gott dem Herrn. Sinn des Sonntagsgebots ist es, Gottes Anspruch an den Menschen in konkreten Verhaltensweisen zu verwirklichen – in Ruhe und Entspannung, geplant-bedachter Erholung, motiviert-gezielter Abwechslung, in einer auf den Gottesdienst ausgerichteten Tagesgestaltung. Das alles gilt für den Sonntag, bestimmt aber – als Vorbereitung des Sonntags – auch den Samstag und sogar die Arbeitstage. Die Sonntagsgestaltung stellt Fragen für Schlaf, Fernsehen und geistig-seelischen Haushalt, betrifft Kleidung, Arbeit, Lebensrhythmus und wirkt sich so auf die ganze Woche aus. Die Arbeit und das Zusammenleben bekommen durch die christliche Sonntagsgestaltung eine Mitte, die über Richtigkeit und Falschheit auch des Werktags richtet. Die zweite Frage zum dritten Gebot zielt auf die *Sonntagsgestaltung,* die sich auch auf die Woche und damit auf die gesamte Lebenszeit des Menschen auswirkt.

2.3.3 Für den einzelnen ergeben sich daraus als Fragen:
1. War ich jeden Sonntag im Gottesdienst? Waren die Gründe meines Wegbleibens oder Zu-spät-Kommens stichhaltig? Habe ich mich bemüht, ehrfürchtig zu sein, zu beten? Warum war ich innerlich nicht beteiligt? Hat sich der Gottesdienst in meinem Leben ausgewirkt? – Wie ist mein Verhältnis zu den einzelnen Teilen der heiligen Messe, zu Hochgebet und zur Kommunion? Habe ich mich auf den Empfang des Sakramentes vorbereitet? War es für mich eine Gewohnheit, etwas, an das ich vor der Messe noch gar nicht dachte? Habe ich eine Danksagung gemacht? – in der Messe? – im Leben danach? Bin ich würdig, an der Sonntagsmesse teilzunehmen und zur Kommunion zu gehen?

2. Wie habe ich den Sonntag verbracht? – anders als einen Werktag? Gab es eine Zeit der Ruhe? War Geistiges, Meditation, Gespräch, Phantasie und Kreativität dabei? Wurde Gemeinschaft erfahrbar? Was habe ich falsch gemacht? – in Planung? – in der Erwartung? Wie ging ich in die nächste Woche? – ausgeschlafen? – orientiert auf den nächsten Sonntag? – mit Vorsätzen oder resigniert? Was hat den Sonntag kaputt gemacht? – Arbeitsdruck, Langeweile, Formlosigkeit, Ungeschicklichkeit? War Gott die Mitte meiner Wochengestaltung?

2.4 Das vierte Gebot: Du sollst Vater und Mutter ehren

2.4.1 Gehorsam gegenüber den Eltern

Die bleibende Bedeutung der Eltern-Kind-Beziehung – auch dort, wo die Kinder selbständig geworden sind und eine eigene Familie gegründet haben – zeigt sich z. B. im Problem der Schwiegermutter, des Hospitalismus und der heute gegenüber früher noch verstärkten Bedeutung der Familientradition. Im Verhältnis zu den eigenen Eltern, in der Frage, wie weit es je neu gelingt, trotz Trennung und Ablösung bejahend und liebend den Eltern verbunden zu bleiben, zeigt sich die Menschlichkeit des einzelnen – so stark, daß Gott daran die Verheißung eines langen Lebens im Vollsinn des Wortes bindet. Aggression bis Haß, Abhängigkeit bis Hörigkeit, mangelndes Interesse bis Gleichgültigkeit, Härte bis Brutalität – all diese Bedrohungen einer zwischenmenschlichen Beziehung haben mit dem persönlichen Verhältnis zu den Eltern zu tun, die nach Gott am stärksten für das Gewordensein des einzelnen verantwortlich sind. Zeichen des Gehorsams gegenüber den Eltern – auch nach dem Tod! – sind zugleich Zeichen des Glaubensgehorsams. Gefühle, Gedanken, Handlungen, Raum und Zeit – all das kann Unterstellung unter das die Eltern schützende und aufwertende Gebot Gottes sein oder aber Verweigerung des geforderten Gehorsams. Die erste Frage zum vierten Gebot zielt auf das *liebend-ehrende Verhalten des Menschen gegenüber seinen Eltern,* in dem der Glaubensgehorsam Ausdruck findet.

2.4.2 Autoritätsverhalten

Die teils gelungene, teils mißlungene Ablösung von den Eltern bei bleibender Verbundenheit schafft die Autoritätsproblematik, in der jeder Mensch steht. Das Verhältnis zu Partnerschaft und Autorität zeigt die Eigenart der Persönlichkeit. Sowohl das partnerliche Verhalten als auch die Rolle, in der Autorität und Gehorsam gefordert sind, ist beim einzelnen vorgeprägt durch die Familienerziehung. In der Familie geschieht die entscheidende Charakterbildung; die Anlagen des Menschen werden gegeben und ausgeformt; Werte und Normen aus Tradition und Gesellschaft werden darin vermittelt. Nicht nur wegen der heute sich schnell wandelnden Umweltbedingungen und der Vielfalt an Orientierungsangeboten, auch wegen der dem menschlichen Leben eigenen Gebrochenheit, ja Bosheit, ist im Autoritätsverhalten ständige Selbstkritik, Lernbereitschaft und Wissen um die eigene

Ohnmacht gefordert. Das Verhalten der Eltern gegenüber den eigenen Kindern oder in der Fremderziehung, die Rolle gegenüber dem Ehepartner oder gegenüber Freunden, die Stellung am Arbeitsplatz, die Mitarbeit in Pfarrgemeinde und Verein, das Interesse und Verständnis von Politik, Kultur und Lebensfragen, die Freizeitgestaltung – all das drückt die Stärken und Schwächen des persönlichen Verhältnisses zur Autorität aus. Weder Aktivität, Einflußnahme und Aggressivität noch Passivität, Zurückhaltung und Erleiden sind in sich gut oder schlecht. Überall aber kann sich Unterwürfigkeit und Flucht vor Verantwortung, Besitzdrang und diktatorisch-sadistisches Bedürfnis zeigen. Die eigene Bedrohung in der Konfrontation mit dem Autoritätsproblem zu erkennen und sich der Autorität Gottes je neu zu unterstellen ist ein für das ‚lange Leben der Menschen auf dieser Erde' von Gott gegebener Auftrag. Die zweite Frage zum vierten Gebot zielt auf das *Autoritätsverhalten des einzelnen gegenüber den Mitmenschen und gegenüber Gott.*

2.4.3 Für den einzelnen ergeben sich daraus als Fragen:
1. Welche Rolle habe ich gegenüber meinen Eltern? Wofür bin ich ihnen zu Dank verpflichtet? Wo haben sie mich geschädigt? Welche Ereignisse aus meiner Kindheit und Jugend belasten mein Verhältnis gegenüber den Eltern? Mit welchen erzieherischen Maßnahmen und Entscheidungen bin ich noch nicht fertig geworden? – Wie denke ich über meine Eltern? Wieviel Zeit und Sorge schenke ich ihnen? Wie empfinden sie mein Verhalten? Bin ich zu wenig abgelöst oder zu distanziert? Was müßte ich ändern?

2. Wie verhalte ich mich gegenüber Abhängigen, vor allem gegenüber Kindern und Jugendlichen? Nehme ich erzieherische Verantwortung auf mich? Leide ich unter meinem Versagen? Gebe ich genügend Freiheit? Wage ich, Autorität und Einfluß auszuüben und unbeliebt zu werden? Wo sind die Gefährdungen in meinem Autoritätsverhalten? Bin ich zu passiv, zu aktiv, zu selbstsicher, zu liberal, zu duldsam, zu aggressiv, zu normenbe-

stimmt, zu selbstherrlich? Welche Menschen habe ich durch mein Fehlverhalten in Fragen der Autorität geschädigt? Wo war ich Vorbild, wo Verführer?

2.5 Das fünfte Gebot: Du sollst nicht töten

2.5.1 Die Liebe zum Nächsten

Die Liebe Gottes zum Menschen verlangt nach ehrfürchtiger Erwiderung, aber auch nach Ehrfurcht vor dem von Gott geschenkten Leben. Das fünfte Gebot verbietet es dem Menschen, andere Menschen (und entsprechend abgeschwächt andere Lebewesen) zu vernichten, sie in ihrer Lebensqualität zu schädigen; sie sind als Geschöpfe Gottes zu sehen und anzuerkennen. Der Mensch muß sich immer irgendwie verhalten; so trifft ihn das Gebot der Nächstenliebe in allen Lebenssituationen. Vom Ungeborenen bis zum Greis ist das menschliche Leben dem einzelnen anvertraut, um es zu schützen und zu fördern. Das Gleichnis vom barmherzigen Samariter (Lk 10, 25–37) ist gleichsam Jesu Kommentar dazu. In vielen Kleinigkeiten bedroht aber der Mensch täglich das Leben anderer. Mit Nächstenliebe ist hier nicht Weichheit und Nachgiebigkeit gemeint, sondern ein Denken, Reden und Tun, das von den Bedürfnissen des anderen, der mir begegnet, mitbestimmt ist, nicht nur von sich selbst. Die erste Frage zum fünften Gebot zielt auf die *aktive Ehrfurcht vor fremdem Leben,* die eine Anforderung an die eigene Lebensführung ist.

2.5.2 Die Kontaktfähigkeit

Man kann die Gesundheit eines Menschen daran messen, inwieweit er kontaktfähig ist, das heißt, inwieweit er fähig ist, den anderen gerecht zu werden, ihnen Chancen zu eröffnen und sich in sozialen Konflikten richtig zu verhalten. Die goldene Regel „Alles, was ihr von den anderen erwartet, das tut auch für sie!“ (Mt 7, 12) formuliert dies als Forderung nach einem sozialen Verhalten, das an eigenen Wünschen gemessen wird. Schweigen und Reden, Führen und Lieben, Widerstand und Mitmachen – all dies kann

Zwang, Mißtrauen und Egoismus sein oder Glaube, Hoffnung und Liebe. Die Schwäche des eigenen Gottvertrauens zeigt sich häufig in einem Lebensgefühl, das von Konventionen, vorgegebenen Bahnen und Medieneinflüssen festgelegt und manipuliert ist. Deshalb sieht der Mensch oft keine Umkehrmöglichkeiten und glaubt nicht mehr an die eigene Veränderung. In der Familie, in Gruppen, Beruf und Öffentlichkeit begegnet sich der Mensch; hier schafft und erfährt er immer wieder Enttäuschungen. Die nächstliegende Reaktion ist die Resignation in Oberflächlichkeit oder innere Vereinsamung hinein, der Rückzug in den eigenen Käfig. Der Käfig eigener negativer Festlegung ist selbstgebastelt, nicht von außen auferlegt. Ihn zu sprengen – dazu braucht es die im Vertrauen auf Gott und in seinem Feuer sich darbietende Kraft. Die zweite Frage zum fünften Gebot zielt auf die *Offenheit und Bereitschaft zu sozial verantwortlichem Handeln,* die die *Kontaktfähigkeit* des Menschen ausmachen.

2.5.3 Für den einzelnen ergeben sich daraus als Fragen:
1. Wer waren meine ‚Nächsten'? Wo ist mir ‚Leben' begegnet? Wo habe ich das Gebot der Nächstenliebe als Appell erfahren, einem Menschen anders zu begegnen? Wem habe ich geholfen, wem die Hilfe verweigert? Wie dachte ich über ungeschütztes Leben, über Abtreibung, Krankheit, Alter, Schädigung? Wie habe ich mich den von Gott aufgegebenen ‚Nächsten' gegenüber verhalten?

2. Welche Gesichter habe ich gesehen? Wo war ich zu feige zum Widerstand, wo zu aktiv aus egoistischen Bedürfnissen? Wie war mein Denken über mich und über andere? – Habe ich neue Beziehungen aufgenommen, in bestehenden Beziehungen Treue gezeigt? Habe ich mich mehr geöffnet oder mich mehr eingeigelt? – Wo habe ich soziale Verantwortung? Gegenüber welchen Notständen und Problemen in meiner Umwelt bin ich uninteressiert oder verschlossen?

2.6 Das sechste und neunte Gebot: Du sollst nicht ehebrechen Du sollst nicht begehren deines Nächsten Frau

2.6.1 Ehe und Familie

Gott schützt die Beziehung zwischen Mann und Frau, die Ehe und Familie durch ein eigenes Gebot. Den Ehepartnern wird eine lebenslange, nicht aufgebbare Bindung zugemutet und auferlegt; den anderen wird gesagt, daß sie kein Recht haben, eine bestehende eheliche Bindung zu gefährden; allen zusammen wird gesagt, daß das eigene Leben auch und stets ausgerichtet ist auf die eigene Fähigkeit und die Befähigung der anderen zur Ehe, um sie dadurch zur bestmöglichen Entfaltung zu führen. Dieser von Gott gestellte Anspruch an den Menschen betrifft die Ehrfurcht vor der Familie und findet seinen Ausdruck im erotischen und sexuellen Verhalten. Immer schwingen im Verhalten erotisch-sexuelle Komponenten mit, die in ihrer Bedeutung zu prüfen sind. Blick, Gebärde, Gedanken, Lektüre, Gespräche, Berührungen, Kontakte, Beziehungen sind in sich zweideutig. Sie können die eigene oder die fremde Ehe bejahen und fördern oder zersetzen und zerstören. Lust, Leichtsinn, Übermut, Triebhaftigkeit, Ablehnung, ebenso Ehrfurcht, Triebverzicht, Scham, Sorge, Bejahung – all das kann bei unterschiedlichster erotisch-sexueller Prägung des einzelnen die Sünde gegen die Ehe zeigen. Die erste Frage zum sechsten und neunten Gebot zielt auf den *Bereich des erotisch-sexuellen Sozialverhaltens,* in dem die persönliche *Einstellung zu Ehe und Familie* ihren Ausdruck findet.

2.6.2 Leib-haftigkeit

Die Frage, inwieweit eine Ehe gelingt, entscheidet sich lange vor und unabhängig von der Partnerwahl und Eheschließung. Denn der einzelne bringt in die Ehe seine Erfahrungen, seine gewachsene Persönlichkeit schon als den Teil mit, den er in der Ehe zu verantworten hat. Wesentlich für die Personwerdung und Befähigung zur Partnerschaft ist das Verhältnis zur eigenen Leib-haftigkeit, das sich am stärksten in der Trieb- und Sexualproblematik ausdrückt. Dem Menschen ist die volle Integration seiner Triebe nie möglich; dies ist vielmehr eine bleibende Aufgabe. Die Art, in der es dem einzelnen gelingt, seine Triebe zu bewältigen, zeigt seine individuellen und sozialen Eigenheiten, Tugenden und Laster. Das persönliche Sexualverhalten ist durch Erfahrungen geprägt und nur mühsam und schrittweise veränderbar. Im Sexualverhalten kann der Mensch zutiefst seine Lebensproblematik entdecken und vor Gott bekennen. Jeder Mensch wird verschiedenste Trieb- und Sexualbestimmungen in sich entdecken: narzißtische oder extrovertierte Charakterzüge, sadistische oder masochistische Aspekte, Macht- oder Unterwürfigkeitsbedürfnisse, starke oder schwache körperliche Sensibilität, Bindungsschwäche oder Maskenprobleme, homosexuelle Tendenzen – all das findet seinen Ausdruck im Trieb- und Sexualverhalten, das von Phantasie, Blick, Händedruck, Gespräch bis zu Onanie und Geschlechtsverkehr reicht. In diesem intimen Lebensbereich kann der einzelne erkennen, wo er gegen die persönlichen Voraussetzungen für den Schutz von Ehe und Familie, gegen seinen eigenen Körper sündigt. Die zweite Frage zielt auf das *Trieb- und Sexualverhalten,* in dem die dem Menschen von Gott aufgetragene *Bewältigung der eigenen Leib-haftigkeit* seinen Ausdruck findet.

2.6.3 Für den einzelnen ergeben sich daraus als Fragen:
1. Wie ist meine Einstellung zur eigenen, zur fremden Ehe? Wie ist meine Haltung gegenüber der Familie? Wo habe ich eine Beziehung gefährdet? Wo habe ich einem Menschen geschadet oder ihn zerstört? Wie ist mein eheliches und (bzw.) mein vor- oder außereheliches Verhalten? Welche Pflichten vernachlässige ich ... Zärtlichkeit, Rücksichtnahme, Widerstand, Zeichen, Gefühle, körperlichen Ausdruck? Wie ist meine Einstellung zum Kind? Wie ist meine Einstellung zum Verzicht?

2. Welche Rolle spielt in meinem Leben die Sexualität (und erotische Verhaltensweisen)? Ist sie geordnet und bejaht? Ist sie dominierend oder habe ich meine Sexualität verdrängt? Wie ist

mein Reden? Warum rede ich *so* darüber? – Wie reagiere ich auf die Frau? – wie auf den Mann? – wie auf Kinder und Jugendliche? Wie ist mein tatsächliches Sexualverhalten? Welche Phantasien und Träume begleiten es? – Wo bin ich in Gefahr, das die Ehe schützende Gebot durch ein persönlich-körperliches Fehlverhalten zu übertreten? – Wo habe ich Schuldgefühle? Wo war von mir Sublimierung, das heißt weiterführender Verzicht gefordert?

2.7 Das siebte und zehnte Gebot: Du sollst nicht stehlen Du sollst nicht begehren deines Nächsten Hab und Gut

2.7.1 Das Eigentum anderer

Gott schützt durch ein Gebot den Besitz des Menschen, indirekt damit auch die bestehende Ordnung und das geltende Recht, worin sich die Beziehungen der Menschen zueinander darstellen. Der Mensch soll lieben, verzichten und in Armut leben, nicht bedürfnisorientiert sich vom Besitzen und Haben das Heil erwarten. Nur unter dieser Voraussetzung ist der Einsatz für größere soziale Gerechtigkeit nicht in der Gefahr, durch den eigenen Konsum oder durch egoistische Machtinteressen zu einer Spielerei oder zur Lüge zu werden. Die Achtung vor dem Besitz des anderen bezieht sich nicht nur auf das unerlaubte Wegnehmen von Gütern, die dem anderen gehören, sondern auch auf die Haltung des Wegnehmen-Wollens, wie es sich in Blick, Gebärde und Wort ausdrückt. Besitz ist mehr eine psychische als eine materielle Größe. Im siebten Gebot geht es um die je größere Fähigkeit, auf augenblickliche und persönliche Bedürfnisbefriedigung zu verzichten. Das Motiv dafür ist nicht primär Angst vor Gesetzesübertretung, sondern vor allem die Ehrfurcht vor einer durch den Willen Gottes vorgegebenen Güterverteilung, die auch die Forderung Gottes nach persönlichem Engagement und gesellschaftlicher Veränderung einschließt. Die erste Frage zum siebten und zehnten Gebot zielt auf die *Bereitschaft, nicht aus persönlichen Bedürfnissen das Eigentum anderer anzutasten.*

2.7.2 Das Verhältnis zum Materiellen

Im Verhältnis zu den materiellen Dingen sehen alle Ordensgründer den Ansatzpunkt für die Unterscheidung zwischen Gott und Satan. Im Verhältnis zum Materiellen – so behauptet auch der Marxismus – entscheidet sich die Lebensqualität des einzelnen Menschen. So problematisch dieser marxistische Grundsatz auch ist, zeigt er doch die Bedeutsamkeit des Materiellen für Heil und Unheil des Menschen. Das siebte Gebot besagt, daß – zwar relativ unabhängig von ökonomischen Bedingungen – sich nur in der persönlichen Freiheit gegenüber dem Materiellen der Raum für soziales Engagement und menschliche Gemeinschaft eröffnet. Die zweite Frage zum siebten und zehnten Gebot zielt auf die von Gott geforderte ‚geistliche Armut', auf die je größere innere Befreiung von materiellen und konsumbedingten Abhängigkeiten.

2.7.3 Für den einzelnen ergeben sich daraus als Fragen:

1. Habe ich gestohlen? Habe ich das Stehlen anderer entschuldigt, oder habe ich meine Zeit und Autorität eingesetzt, um Probleme und Schuld bewußt zu machen? – Wie entwickelte sich mein Denken über das Eigentum? – hin zur Gleichgültigkeit? – zum Neid? – zum Leichtsinn? Wie war mein Einkommens- und Steuergebaren? – mein Umgang mit dem Eigentum anderer?

2. Wo bin ich abhängig vom Konsum? Wie war mein Umgang mit Genuß- und Suchtmitteln? Wo habe ich verzichtet, wo gegenüber der Forderung nach Verzicht versagt? Wie war meine Freizeitgestaltung? – mein persönliches Geldgebaren? – Wie war meine Entwicklung: habe ich über Konsumverzicht nachgedacht? – unter meinen persönlichen Abhängigkeiten gelitten? Wurde ich weniger oder mehr Sklave? – Was bedeutet mir Armut? Wo wirkt sich die Aufforderung Jesu an den reichen Jüngling in meinem Leben aus? (Mk 10, 21)

Der Ordensmann gelobt, in Armut zu leben. Er unterstreicht damit die Bedeutung, die für die Nähe zu Gott die Loslösung vom Materiellen hat, weil er nur so zum richtigen Gebrauch der Dinge – im eigenen Erleben und in der Verteilung an andere – fähig wird. Der Verzicht im alltäglichen Leben, das kleine Opfer für den Klingelbeutel, der Fernseh- und Unterhaltungsverzicht bis hin zu Status-, Berufs- und Luxusfragen im Sinne der Befreiung von äußerlich-materiellen Abhängigkeiten ist damit angesprochen und betrifft im Sinne des Ordensgelübdes jeden Christen.

Die Abhängigkeit von den Dingen ist so differenziert möglich, daß ein Besitzloser, auch wenn er in einem Gelübde Besitzlosigkeit gelobt hat, mehr an die Dinge verhaftet sein kann als ein Reicher, der seinem Reichtum gegenüber zu einer größeren Indifferenz gefunden hat. Sogar im stolzen Wissen um die eigene Bedürfnislosigkeit kann sich in negativer Weise die Abhängigkeit vom Materiellen zeigen. Die Frage der Ablösung und Befreiung vom Materiellen ist deshalb so wichtig, weil es nur bei ihrem teilweisen Gelingen möglich ist, den anderen Menschen nicht als Konkurrenten und Feind zu betrachten, ihm nicht eifersüchtig und unbewußt ablehnend gegenüberzustehen. Nur so kann das Geistige, letztlich Gott, Raum und Bedeutung im Leben des einzelnen gewinnen.

2.8 Das achte Gebot: Du sollst nicht lügen

2.8.1 Lautere Sprache

Gerade die heutige Wissenschaft betont, daß die Sprache – im weitesten Sinn mit Gestik, Tonfall, Mimik und Kontext – der wichtigste Ausdruck ist, in dem der Mensch sich verwirklicht und anderen mitteilt. Mit Hilfe der Sprache findet er zu sich selbst und Beziehung zu anderen. Deshalb können Schichten und Gruppen anhand der Sprache hinsichtlich ihrer Lebenschancen unterschieden werden. Die Sprache ist ein zentrales menschliches Machtmittel, das auch mißbraucht werden kann. Beziehungen können über die Sprache gewonnen und zerstört werden, die Wirklichkeit kann egoistisch entstellt und auch bewußtgemacht werden. Deshalb schützt Gott die Sprache durch ein Gebot.

Psychische Erkrankungen zwingen manchen Menschen zur dauernden ‚Lüge'; persönliche Fehlentwicklungen können verständlich machen, daß Menschen Tatbestände verdrehen – in wertenden Darstellungen, in der Gewohnheit des Übertreibens oder der diplomatischen Notlüge, in der Tendenz, sich selbst zu produzieren, in kleinen Unwahrheiten zum Selbstschutz oder im ängstlichen Verschweigen der Wahrheit. All diese angelernten oder angewöhnten Verhaltensweisen verraten sich in der Sprache; darin zeigen sich Gefühle der Angst und Aggression, Bedürfnisse nach Macht und Erfolg, Einstellungen von Selbstherrlichkeit bis Mißtrauen. Das unwahre Wort – die Lüge vor sich selbst und vor anderen – ist Ausdruck einer Maske, die der Mensch allein und aus eigener Kraft nicht ablegen kann. Gott aber fordert und ermöglicht die Demaskierung. Er will, daß sich der Mensch seine Unehrlichkeiten bewußtmacht, und schenkt die ahnende Hoffnung, daß die Eröffnung von Wahrheit froh macht – gerade dann, wenn es zunächst eine gefährdende und vielleicht sogar schädigende Mitteilung ist. Doch dadurch wird die Wahrheit im Auge und in der Hand Gottes zum durchglühend-reinigenden Mittel, das Unheil zum Heil wendet. Aussage, Betonung, begleitende Miene und mitschwingendes Gefühl, Erklärung und die Stelle der Erklärung sind Mittel der Sprache, Wahrheit zu eröffnen oder zu lügen. Die erste Frage zum achten Gebot zielt auf die *Lauterkeit und Gefühlsunmittelbarkeit jeder sprachlichen Mitteilung.*

2.8.2 Wahrhaftigkeit

Der moderne Mensch hat erkannt, daß er in seiner Meinungsbildung durch Massenmedien und Zeittrends weitgehend gesteuert und fremdbestimmt wird. Er hat gelernt, daß die Macht der Politik und deren Mechanismen auch im Privatleben und in der Durchsetzung persönlicher Interessen möglich und notwendig sind. Der Mensch nimmt – ob er will oder nicht – auf andere Einfluß. Und es ist ihm nicht möglich, sich frei von eigenen Interessen zu verhalten. Die Versuchung ist groß, von eigenen Urteilen her mit Hilfe dieser erlernten Techniken – auch gegen persönlich erkannte Wahrheit – die Mittel durch den Zweck zu heiligen, um guter Absichten willen zu lügen. Besonders auffällig ist dies im Erziehungs- und Partnerverhalten, wo häufig Lügen aus guten Absichten in Kauf genommen werden. Sehr deutlich drückt sich die Sündhaftigkeit solchen Verhaltens in der Wirklichkeit aus, wenn letztlich alle durch Lügen erzielten oder erkauften Erfolge zerstört werden. Das Gebot der Wahrhaftigkeit richtet sich auch gegen häufigen

Augenschein und unehrliche Lösungsmöglichkeiten. Solches Festhalten und Verständnis der Wahrheit ist nur im Vertrauen auf Gott und aufgrund positiver Erfahrungen möglich, in denen ich der Wirkmächtigkeit Gottes mehr vertraut habe als eigenen momentanen Macht- und Einsichtsmöglichkeiten. Die zweite Frage zum achten Gebot richtet sich auf die *Wahrhaftigkeit, die in Selbstkritik und Gottvertrauen gründet.*

2.8.3 Für den einzelnen ergeben sich daraus als Fragen:
1. Wen habe ich angelogen? Aus welchen Gründen lüge ich? – aus Geltungssucht, Angst, Berechnung, Hilflosigkeit, Liebe, Erziehungssorge? – Wo belüge ich mich selbst? – in Vorsätzen, in Versprechen, in Träumen, in Bereichen meiner Lebensgestaltung, in Beziehungen?

2. Wie unterscheidet sich das Bild, das ich bei anderen von mir erzeuge, von dem, das ich selbst von mir habe? – Wo manipuliere ich? Wo bin ich diplomatisch? – im Beruf, in der Erziehung, bei Partnern? – Welche Motive stehen hinter meiner Lebenslüge? – Erfolgszwang, Leistungsdruck, Geltungssucht? – Welche Rolle strebe ich an, ohne sie in ‚Wahrheit' zu haben? – Führung, Beliebtsein, Beachtetsein, Gebrauchtsein, Einfluß?

VIERTES THEMA

ANGST VOR DER BEICHTE?

Gedanken zur Neuen Ordnung der Beichte

Von Gilbert Niggl

In bezug auf die Einzelbeichte herrscht nach einer Zeit heftiger Ablehnung und eines empfindlichen Rückgangs eine rätselhafte Ruhe. Wie von selbst stellt sich die Frage, ob diese Ruhe die Fortdauer von Ratlosigkeit und Erschöpfung anzeigt oder Anzeichen eines erneuten Fragens und Suchens ist. Vermutlich ist beides der Fall. In diese Situation traf bereits das Reformdekret die „Neue Ordnung für die Buße" vom 2. Dezember 1973. Es handelt von Bußgottesdiensten, Generalabsolution und Einzelbeichte. Wir beschränken uns hier auf die Einzelbeichte. Denn auch die Bischofssynode vom Herbst 1983 und das daraus hervorgegangene Apostolische Schreiben vom 2. Dezember 1984, die sich das Thema „Versöhnung und Buße" gestellt hatten, geben der Einzelbeichte gegenüber allen anderen Bußformen ganz eindeutig den Vorzug.

1 Vorüberlegungen zur Reform der Buße

Wem etwas an Reformen liegt, der wird mit Umsicht ans Werk gehen. Die oben angedeutete Situation und manche bittere Erfahrung mit Reformen in der letzten Zeit mahnen zur Vorsicht. Es hat keinen Sinn, Veränderungen von außen aufzuzwingen, sie einfach technisch durchzuführen. Damit erzeugt man lediglich Unwillen und verschließt obendrein vielen den inneren Zugang zum Wesen der Erneuerung.

Es wird vor allem gut sein, sich einzugestehen, daß die Reform des Bußwesens eingebettet ist in eine Landschaft sehr grundsätzlicher, teils ungelöster Fragen. Buße und Umkehr stehen zum Beispiel in einem engen Zusammenhang mit der Frage: Wie heute glauben? Umkehr ist ohne Glaube undenkbar. Nicht weniger wichtig ist die Frage nach der Kirche; welche Funktion hat sie für meinen Glauben? Speziell in der Einzelbeichte tritt mir die Kirche sehr nahe. Was Wunder, wenn die Menschen nach Sinn und Legitimation dieses kirchlichen Handelns fragen, nach der Beziehung zwischen Priester und Laien, nach der Umkehrbereitschaft der Kirche selbst.

Aus dem Gesagten ergibt sich fast mit zwingender Notwendigkeit, daß die Neue Ordnung der Beichte nur in gemeinsamen Überlegungen von Priestern und Laien sinnvoll in das Leben der Gemeinden eingeführt werden kann. Priester und Laien müssen sich den auftauchenden Fragen stellen und gemeinsam den bestmöglichen Weg der Umkehr suchen. In dieser gemeinsamen Suche selbst, im gegenseitigen Anhören und Raten liegt schon ein Stück Umkehr, Hinwendung zueinander aus dem Glauben, gemeinsame Besinnung auf den Willen Gottes.

Die Zielvorstellung der folgenden Überlegungen ist nicht, eine umfassende Beschreibung und Beurteilung der Neuen Beichtordnung, sondern anhand dieser Neuen Beichtordnung Anregungen zur Erneuerung der Beichte in der Kirche zu geben. Es ist ein bescheidener Versuch zu helfen und beschränkt sich auf die Einzelbeichte. Die angedeuteten größeren Zusammenhänge müssen unberücksichtigt bleiben.

1.1 Das Ziel

Das Reformdekret wurde erarbeitet mit dem Ziel „Natur und Wirkung des Sakramentes besser zum Ausdruck kommen zu lassen". Im Ablauf der Beichte sollen also bessere Bedingungen für das Gelingen von Umkehr und Versöhnung geschaffen werden. Bessere Bedingungen und eine bessere Ordnung können aber nur dann gefunden werden, wenn der Schwerpunkt des ganzen Geschehens deutlich erkannt und im Vollzug der Beichte erfahrbar gemacht werden kann.

1.2 Das Wort ‚Buße'

In den meisten kirchlichen Dokumenten wird als Bezeichnung des Geschehens in der Beichte das Wort „Buße" verwendet. Nun ist es nicht unerheblich, welchen Namen man für ein Geschehen wählt. Jedes Wort ruft bestimmte Gefühle und Empfindungen wach. Das Wort „Buße" erinnert sehr stark an Strafe, büßen müssen, Bußgeld und Bußkatalog, also an vorwiegend negativ besetzte Vorgänge und Tatsachen. Auf das Wort zu verzichten wird kaum möglich sein. Dort aber, wo man ausführlich über den Vorgang der Beichte spricht, sollte man sich der Unzulänglichkeit dieses Ausdrucks bewußt sein. Die Heilige Schrift verwendet das Wort „Umkehr" und meint damit die erneute Hinwendung zu Gott, das Zurückkehren zu Gott und dem Nächstem. In diesem Beitrag wird der Versuch gemacht, den Vorgang der Buße oder Umkehr mit dem Ausdruck „versöhnende Berührung mit Gott" zu umschreiben. Der Verfasser hofft damit einen Anstoß zu einem besseren Verstehen zu geben.

1.3 Schwerpunkt Berührung

Was ist Berührung? Wir alle haben darin Erfahrung. Als Kinder spürten wir die zärtlichen und bergenden Hände der Mutter, die feste und strenge Hand des Vaters. In der Berührung empfingen wir Zuversicht und Halt, Wärme und Freundlichkeit; die Berührung erlöste uns aus Einsamkeit und Angst. Als Menschen sind wir dankbar für jede gute Berührung, für die Hand, die uns zum Gruß gereicht wird und aufnimmt, vor allem dann, wenn wir uns ausgeschlossen und unsicher fühlen. Berührung ist Ausdruck gegenseitiger Liebe und Verbundenheit. In der Berührung strömt Leben hin und her. Je mehr wir vom Leben abgesondert sind, um so mehr sehnen wir uns nach Berührung, und um so mehr empfinden wir sie als belebend und erlösend, zum Beispiel in Not, Krankheit, Schuld und Einsamkeit. In jeder guten Berührung spüren wir: Es ist jemand da für dich, es hat jemand Interesse an dir, du bist nicht allein und verloren oder ausgestoßen. Wird einem Menschen von früh an überhaupt keine Berührung zuteil, dann kommt es oft zu schwerwiegenden Schädigungen seines Wesens; denn es werden Leben, Wärme und Kontakt vorenthalten. Wir kennen auch die bedrückende und lebensmindernde Art der Berührung: schlagen, wegstoßen, verletzen und töten. Hier muß allerdings eine Einschränkung gemacht werden. Entscheidend bei jeder Berührung sind die Intention und das Einfühlungsvermögen. Es kann Berührung geben, die zwar schmerzt, zugleich aber Gutes bewirkt. Im Zusammenhang der Beichte wird man diese Tatsache nicht übersehen dürfen. Von einem japanischen Meister der Bogenschießkunst wird berichtet, daß er seinem Schüler mit der Faust ins Gesicht schlug, um ihn in der Kunst vorwärtszubringen. Solche Härte mutet uns fremd an, sie ist auch nur erträglich auf der Basis einer intensiven menschlichen Beziehung. Sind unsere Beziehungen zu harmlos und zu seicht? Augustinus sagt einmal: „Liebe schlägt zu, Übelwollen redet nach dem Munde.“ So mißverständlich und gefährlich ein solcher Satz auch klingen mag, die in ihm verborgene Wahrheit gilt es zu sehen. Wer dem Nächsten jede Härte und jeden Schmerz ersparen will, leistet ihm unter Umständen einen sehr zweifelhaften Dienst. Zusammenfassend können wir sagen: *Der Mensch bedarf der Berührung, damit er leben kann. Sie befreit ihn aus der Einsamkeit und gibt ihm Anteil am Leben, sie fördert sein Leben.*

1.4 Die versöhnende Berührung mit Gott

Kehren wir zurück zur Beichte. Sie ist Sakrament, Sakrament aber heißt – einfach erklärt – Berührung mit Gott, sich von Gott berühren lassen. Nun hat jedes Sakrament seinen besonderen Charakter, das heißt, die Berührung durch Gott geschieht in jedem Sakrament auf eine je eigene Art und Weise. In der Beichte zielt diese Berührung auf Umkehr, auf Versöhnung mit Gott. Gott will uns berühren, damit wir versöhnt werden mit ihm und unserem Nächsten. Gott sucht uns Menschen in der Situation der Schuld und der eigensinnigen Absonderung. Er will uns berühren, damit wir heil werden. An uns Menschen liegt es, diese Berührung zuzulassen, statt sie zu verweigern. Wie schwer das sein kann, weiß jeder. Wir scheuen die Berührung, die unseren Weg in Frage stellt, die uns Einsicht vermittelt in unseren Eigensinn und in unsere Schuld. Gelingt es uns allerdings, Gott etwas zuzutrauen, von ihm Gutes wirklich zu erhoffen und an ihn zu glauben, dann werden wir auch die versöhnende Berührung durch ihn verstehen und akzeptieren; denn Umkehr ist ohne Glaube nicht möglich, sie ist nur die andere Seite des Glaubens.

Halten wir also fest: *Der Schwerpunkt im Vollzug von Umkehr ist die versöhnende Berührung mit Gott.* Diesen Schwerpunkt gilt es genau zu sehen, verständlich zu machen und festzuhalten. Von ihm aus sollen nun alle Teile und Einzelvorgänge der Beichte bedacht werden.

2 Neue Akzente in der Ordnung der Beichte

Nach den mehr grundsätzlichen Gedanken zur Einzelbeichte soll nun ein erster Blick auf die Neue Ordnung der Buße, speziell der Einzelbeichte, getan werden. Im Vergleich zum bisherigen Ritus fallen dabei drei neue Akzente besonders in die Augen: ein größerer Spielraum in der Gestaltung (1), die in den Rubriken des Ritus empfohlene Freundlichkeit (2) und die häufige Verwendung der Heiligen Schrift (3). Diesen drei Akzenten sollen die folgenden Zeilen gewidmet sein.

2.1 Der Spielraum

Jedes Sakrament hat eine bestimmte Form; sie ist nicht auf das Allernotwendigste beschränkt, zu ihr gehört auch die Ausgestaltung im einzelnen. Im Ritus wird ein Weg vorgegeben, der einer inneren geistlichen Ordnung folgt. In der Neuen Ordnung der Beichte fällt nun auf, daß dem Spielraum innerhalb dieser geistlichen Ordnung größere Bedeutung beigemessen wird. Es handelt sich dabei gewiß nicht um grundlegend neue und umstürzende Veränderungen. Unter dem Schwerpunkt „Berührung" aber mag es interessant sein, besonders darauf zu achten. Menschen empfinden ja sehr verschieden. Auch die Bedingungen, unter denen es zu einer möglichst guten versöhnenden Berührung mit Gott kommt, sind bei den einzelnen Menschen verschieden. Zu den Bedingungen zählt alles, was im Verlauf der Beichte Einfluß gewinnt. Hier sollen die im Text der Neuen Ordnung angesprochenen, nämlich Ort, Zeit, die liturgische Kleidung und die verwendeten Texte und Gesten kurz behandelt werden. Von der wichtigsten Bedingung, der Person des Priesters, wird später die Rede sein.

Zunächst also zu den mehr äußeren Bedingungen. Es sei nochmals darauf hingewiesen, daß sie nicht den Kern der Beichte betreffen und deshalb auch nicht überschätzt werden dürfen. Wie viele Äußerungen von Gläubigen zeigen, sind diese äußeren Bedingungen auch nicht völlig belanglos. Von daher ist es um so mehr geraten, den gebotenen Spielraum zu nützen.

2.1.1 Der Ort

Dazu heißt es in der Neuen Ordnung: „Das Bußsakrament wird an dem vom Recht vorgesehenen Ort gespendet." Das ist zunächst der Beichtstuhl in der Kirche. Für ihn spricht, daß er im öffentlichen Versammlungsraum der Gemeinde steht und dennoch die erforderliche Diskretion gewährleistet. Die relative Öffentlichkeit der Beichte ist für das Glaubensleben einer Gemeinde von Bedeutung. Die einzelnen Glieder bekennen voreinander, daß Umkehr notwendig und gut ist, sie ermuntern einander, sie auch wirklich zu vollziehen.

Nun gibt es allerdings auch eine beträchtliche Zahl von Gläubigen, die entweder die Enge des Beichtstuhls scheuen oder sich von einem offenen Gespräch mit dem Priester mehr erhoffen. Wo es möglich ist, sollte deshalb ein eigenes Beichtzimmer eingerichtet werden. Dabei dürfen eine gewisse Umsicht und die Absprache mit der Gemeinde nicht fehlen, wofür auch die geschichtliche Entwicklung bezüglich des Beichtortes spricht. Die Einzelbeichte fand zunächst im Haus des Priesters statt, wurde aber später an eine ruhige Stelle in der Kirche verlegt. Dafür gab es sicher Gründe wie Vorsicht und Bewahrung des Sakramentes vor Schaden. Es gibt aber auch den theologischen Grund, daß die Einzelbeichte einen Bezug zur Gemeinde hat und dieser zum Ausdruck kommen soll.

2.1.2 Die Zeit

Bezüglich der Zeit, zu der die Beichte stattfinden soll, bringt die Neue Ordnung verschiedene Gesichtspunkte ins Spiel: Die Beichte kann zu jeder Zeit stattfinden; Umkehr soll gefördert werden, wenn ein Mensch sie vollziehen kann und will. Es gibt im Leben des Menschen Augenblicke, in denen er des versöhnenden Wortes, des Zuspruches sofort bedarf. Die Einrichtung des sogenannten Tagesbeichtstuhls in Großstadtkirchen trägt dem schon weitgehend Rechnung. In den verschiedensten Situationen des Lebens kann die Bereitschaft zur Umkehr aufbrechen; dann kommt es darauf an, daß der Priester dies wahrnimmt. Wahrnehmen der Not schließt auf für Umkehr und versöhnende Berührung mit Gott.

Um der möglichst guten Berührung mit Gott willen werden die Gläubigen ermahnt, die festgesetzte Zeit zu benützen. Willkürliche Überforderung des Priesters stört die Atmosphäre der Beichte. So wichtig der Spielraum in bezug auf die Wahl der Beichtzeit ist, so wichtig sind auch die Spielregeln gegenseitiger Rücksichtnahme.

Besonders empfohlen wird im neuen Ritus die österliche Bußzeit. Die größeren Feste, vor allem Ostern, die ja als Zeiten der Berührung mit dem Heilswirken Gottes gefeiert werden, die in ihrer Wiederkehr die ständige Bereitschaft Gottes an unserer Erlösung dokumentieren, legen die vorausgehende Umkehr und Versöhnung mit Gott nahe. Echtes Feiern ist nur möglich, wenn man sich vorher ein Stück nähergekommen ist.

Die Neue Ordnung enthält auch eine einschränkende Anweisung: Die Beichte soll nicht während der Eucharistiefeier stattfinden. Da die Beichte normalerweise im gottesdienstlichen Versammlungsraum stattfindet, ist diese Anweisung durchaus sinnvoll. Zwei nach ihrem Charakter verschiedene Vorgänge brauchen je ihre Zeit und können nicht in beliebiger Reihenfolge vollzogen werden. Ihr je spezifischer Sinn, die je besondere Art der Berührung mit Gott soll nicht verdunkelt werden.

2.1.3 Die liturgische Kleidung

„Bezüglich der liturgischen Kleidung bei der Feier der Buße halte man sich an die Weisungen des zuständigen Ortsordinarius", so der Text der Neuen Ordnung. Es erfolgt also keine konkrete Anweisung; eine solche zu geben liegt im Ermessen des Ortsbischofs, der die Situation an Ort und Stelle besser kennt. Die Frage der liturgischen Kleidung ist nicht von allzu großer Bedeutung, dennoch sollte sie nicht völlig unberücksichtigt bleiben.

Der Stellenwert der Kleidung, auch der liturgischen, war in der letzten Zeit einem ständigen Wandel unterworfen. In der Praxis bietet sich ein recht buntes Bild. Was jedoch nicht zu leugnen ist: jede Kleidung hat einen sozialen Aussagewert. Mit der Kleidung deutet der Mensch an, als was er sich versteht. Von dem in diesem Artikel gewählten Schwerpunkt „Berührung" her fragen wir: Fördert oder behindert die jeweilige Kleidung den Verlauf versöhnender Berührung mit Gott?

Was sagt die liturgische Kleidung? Sie hat eindeutig hinweisenden Charakter: ein größerer Zusammenhang soll sichtbar gemacht werden. *Was in der liturgischen Handlung geschieht, soll als gottgewirktes, nicht vom Menschen kommendes Geschehen interpretiert werden.* Für manche Menschen ist dies eine wesentliche Hilfe, es gibt ihnen Sicherheit, vor allem dann, wenn sie mit der liturgischen Kleidung sehr vertraut und an sie gewöhnt sind. Für andere wieder bedeutet sie etwas Fremdes und Distanz Schaffendes.

Was sagt die normale Kleidung? Sie drückt aus, daß man einfach als Mensch für den anderen dasein möchte, ohne Anspruch, als gleicher, als Mitmensch. Dies schließt nicht aus, daß man sich vom Verlauf einer Begegnung mehr erhofft und erwartet. Bei dem heute oft gegebenen demokratischen Grundverständnis und der häufig anzutreffenden Entfremdung gegenüber dem Priester mag die normale Kleidung für manche Menschen bessere Bedingungen für den Kontakt schaffen. Sie schließt die Ernsthaftigkeit des Beichtvollzugs keineswegs aus. Oft wird die Frage der Kleidung von der Praxis her beantwortet, den angebotenen Spielraum sollte man nützen.

2.1.4 Texte

In der Neuen Ordnung wird für verschiedene Stellen in der Beichte eine reiche Auswahl von Texten angeboten. Variation ist möglich, sie wird sogar empfohlen. Weit schwieriger ist es für den Priester, bei einer großen Zahl von Beichtenden sinnvoll mit den Texten umzugehen. Trotzdem sollte der Priester nicht darauf verzichten, sich mit den Texten vertraut zu machen und sie in der Beichte ins Spiel zu bringen. Gelegentlich wirken in uns Worte, die wir aufgefangen haben, lange Zeit nach oder bringen uns in geistige Bewegung.

2.2 Die Freundlichkeit

Ein weiterer Akzent im neuen Beichtritus ist die Freundlichkeit. Freundlichkeit wird hier nicht verstanden im Sinn von unverbindlicher, gemachter Höflichkeit. Gemeint ist eine Freundlichkeit, wie ein guter und echter Freund sie gewährt: Ich weiß ihn an meiner Seite, er ist mir nahe auch in Not und Schuld, er meint es ernst mit mir, er hat Interesse an mir und ist deshalb auch ehrlich und schont mich nicht, wenn es für mich gut ist. Er verhält sich zu mir als echter Freund und weiß um die „Menschenfreundlichkeit Gottes".

In Not und Schuld wenden wir uns nicht an jeden Menschen, weil wir verletzbar sind. Wir achten auf die Ausstrahlung; ist sie gut, dann wagen wir die Berührung. Der schwierige Vorgang der

Umkehr verläuft sicher besser, wenn er begleitet ist von einer Freundlichkeit, die dem Glauben und verantwortlicher Liebe entspringt, die auch etwas weiß von der Freude, die im Himmel ist über jeden Sünder, der Buße tut.

Im neuen Ritus wird beispielsweise eigens auf den Gruß und die Aufnahme des Sünders zu Beginn der Beichte hingewiesen. Menschliche Freundlichkeit wird deutlich als etwas Gott Verwandtes gesehen und in die versöhnende Berührung mit Gott einbezogen. Gott soll gegenwärtig sein und zugelassen werden in der Freundlichkeit des Priesters wie in der des Beichtenden. Alles Gottfremde soll wegbleiben. Eine umkehrfreundliche Atmosphäre soll entstehen. Alles, was mit Gott zu tun hat, soll auch sein Gesicht tragen. In den Beziehungen von Mensch zu Mensch spielen die Art und Weise, *wie* wir etwas tun, eine außerordentlich bedeutende Rolle. Wenn die Einzelbeichte im Leben der Kirche neu Fuß fassen soll, dann wird gerade dieser Akzent, die *menschliche Freundlichkeit,* dabei eine sehr bedeutende Rolle spielen müssen. Sie ist ja auch *Ausdruck eines lebendigen und brüderlichen Glaubens.*

2.3 Die häufige Verwendung der Heiligen Schrift

Ein dritter Akzent im Text der Neuen Ordnung: Es wird häufig auf das Wort Gottes zurückgegriffen und darauf verwiesen. Welche Überlegung war dabei im Spiel? In unserer menschlichen Sprache machen wir uns Wesen und Sinn der Wirklichkeit bewußt und fördern so die Berührung mit ihr. Im Wort Gottes ist das in menschliche Sprache gefaßt, was Menschen an Gott erfahren haben, was er uns kundgetan hat. Und dieses Wort Gottes ermöglicht uns auch Berührung mit Gott. Fragen wir uns noch, auf welche Weise dies geschehen kann, speziell in der Beichte.

2.3.1 Das Wort Gottes verweist uns zurück auf Gott als die Quelle der Versöhnung. *Im letzten stiftet nämlich Gott die Versöhnung, er bietet sie an in Jesus Christus,* er macht sie möglich. Nicht wir Menschen, nicht die Kirche, auch nicht der Priester und der Beichtende, sondern Gott gibt sie.

2.3.2 Im Wort Gottes gibt sich Gott zu erkennen. Er gibt sich zu erkennen als einer, der Freude hat an der Umkehr, der uns trotz Schuld wieder annimmt und mit sich versöhnt. *Gott zu kennen aber ermöglicht es uns Menschen, auf ihn zu setzen, auf ihn zu vertrauen und zu ihm zurückzukehren.*

2.3.3 Gottes Wort stellt uns in die rechte Beziehung zueinander. Für den Verlauf der Beichte ist dies von besonderer Bedeutung. Der Priester und der Beichtende, beide, stehen unter dem Wort, sind davon betroffen und brauchen es. Wird dies gesehen, dann wird auch die Beziehung der beiden zueinander vom Wort Gottes bestimmt werden und nicht von dem oft vorhandenen Wunsch, übereinander zu herrschen. *Wenn wir Gottes Wort hereinlassen, stiftet es Versöhnung auch unter uns Menschen und entfaltet seine schöpferische und wandelnde Kraft.*

Durch die starke Betonung des Wortes Gottes in der neuen Beichtordnung bieten sich gute Möglichkeiten. Sicher soll aber nicht einer „Wortmagie“ Vorschub geleistet werden. Ein billiges Um-sich-Werfen mit Schriftworten würde das Wort Gottes entwerten und den Beichtenden der Verärgerung und der Verzweiflung näherbringen als der Versöhnung. Deshalb ist es unabdingbar, daß der Priester sich mit dem verwendeten Wort Gottes vertraut macht und es mit feinem Gespür dem Beichtenden weitergibt oder es ihn selbst finden läßt.

3 Die einzelnen Schritte in der Ordnung der Beichte

Nach mehr grundsätzlichen Erwägungen zu Buße und Umkehr und der Herausstellung der neuen Akzente in der Beichtordnung sollen nun die einzelnen Schritte, entsprechend der Gliederung der Beichte im römischen Dekret, näher behandelt werden.

3.1 Die Aufnahme

Die Aufnahme des Büßers ist in der neuen Beichtordnung besonders betont und ausführlich gestaltet. Dahinter steht offenbar die Überlegung, daß die erste Kontaktnahme in jeder Begegnung ein besonderes Gewicht hat; es soll ein Kontakt sein, bei dem sich der Sünder angenommen fühlt. Wir wissen aus der alltäglichen Lebenserfahrung, wie sehr ein freundliches Entgegenkommen von Unsicherheit befreien kann, wie umgekehrt aber der Kontakt erschwert wird, wenn wir stehen gelassen werden. Soll die Berührung mit dem Priester auch zu einer Berührung mit Gott führen, dann liegt es also nahe, auf diesen ersten Kontakt besonders zu achten. Der Stellenwert rein menschlicher Freundlichkeit für das religiöse Geschehen ist uns bekannt. Im Grunde geht es dabei um die konsequente Fortführung des Verhaltens Jesu gegenüber dem Sünder. Er schaute Zachäus nur an, sagte zu ihm nur „Steige eilends herab!", eine alltägliche Bemerkung und doch sehr viel mehr. Zachäus durfte erkennen, daß er akzeptiert ist; ein Wunsch so vieler Menschen gerade dann, wenn sie sich in Schuld wissen und unsicher sind, wie andere sie beurteilen oder zu ihnen stehen. In diesem ersten Schritt der Beichte geht es um das Praktizieren der *Art des „barmherzigen Vaters", der nach seinem verlorenen Sohn ausschaut und ihn mit Freuden aufnimmt.* Wie verläuft die Aufnahme konkret?

3.1.1 Der Gruß

„Der Priester empfängt den Büßer, der zum Bekenntnis seiner Sünden zu ihm kommt, mit Güte und begrüßt ihn freundlich." So lautet die Anweisung in der Neuen Ordnung. Bisher war der Gruß nicht allgemein üblich. Kinder grüßen zu Beginn der Beichte gelegentlich ganz spontan. Der Gruß ist Brüderliches und schafft eine Atmosphäre der Zusammengehörigkeit. Es geht ja auch in der Beichte nicht nur um einen amtlichen Vollzug, es geht um Berührung. Den Sünder aufzunehmen und zu begrüßen ist zunächst Aufgabe des Priesters, er soll in der Art, wie er dies tut, Gott repräsentieren. Es liegt aber auch am Beichtenden, sich annehmen zu lassen und den Gruß zu erwidern. Im Priester wird dadurch die Bereitschaft zu helfen verstärkt.

3.1.2 Das Geschehen ohne Worte

Jede Begegnung zwischen Menschen enthält auch eine Fülle von Äußerungen ohne Worte: Blicke, Bewegungen, Tonfall der Stimme usw. Auch sie bestimmen das Klima, meist sehr viel stärker als das, was wir in Worten ausdrücken. Äußerungen dieser Art entspringen unserer innersten Einstellung gegenüber dem Gesprächspartner. Wenn der Priester innere Ruhe und Freude über die Umkehr des Beichtenden ausstrahlt und der Beichtende von seiner Seite aus echte Bereitschaft, dann wird dies der versöhnenden Berührung mit Gott außerordentlich dienlich sein.

3.1.3 Das Kreuzzeichen

Im Ritus wird empfohlen, daß der Beichtende nach der Begrüßung das Kreuzzeichen macht; auch der Priester kann dies tun. Die ‚nur' menschliche Berührung wird durch dieses Zeichen des Glaubens deutlicher in die Richtung der Berührung mit Gott gelenkt. Was zwischen dem Priester und dem Beichtenden geschieht, wird als Geschehen des Glaubens gekennzeichnet, in das man mit Leib und Seele eingeht. Sinn und Wert leiblicher Zeichen sind uns freilich zur Zeit nicht ganz erschlossen. Wir sollten aber nicht vergessen, daß wir Mensch sind auch in unserem Leib.

3.1.4 Die Ermunterung

In Form eines Wunsches ermuntert der Priester den Beichtenden zum Vertrauen in das Erbarmen Gottes. Dafür steht eine Reihe von Texten zur Verfügung; der Priester kann auch selbst einen formulieren. Dabei sollte wirklich realisiert werden, daß die Ermunterung ein echter Wunsch ist. Wünsche haben ihre Kraft und sind Ausdruck eines brüderlichen Glaubens. Je intensiver, je persönlicher, fester und ruhiger ein solcher Wunsch ausgesprochen wird, um so mehr wird er dem Beichtenden Hilfe sein können.

3.1.5 Die Auskunft

„Wenn der Beichtende dem Priester unbekannt ist, soll er ihm Auskunft geben über seine Lebensverhältnisse, über die Zeit der letzten Beichte, über Schwierigkeiten bei der christlichen Lebensgestaltung und über anderes mehr, was zu wissen dem Beichtvater bei der Ausübung seines Dienstes nützlich sein kann." So lautet die Empfehlung. Eine solche Auskunft ist von seiten des Beichtenden ein wertvoller Beitrag für das Geschehen der Versöhnung. Sie erleichtert dem Priester die Beurteilung und die Beratung und hilft dem Beichtenden unter Umständen, sich selbst klarer zu erfassen und zu erkennen. Der Priester ist aber nicht gehalten, diese Auskunft zu erfragen. Soll die Berührung gelingen, so muß sie in allen Teilen freiwillig zustande kommen. Der Priester wird sich diese Auskunft manchmal wünschen, er darf sie aber auf keinen Fall zu erzwingen versuchen.

3.2 Die Lesung des Wortes Gottes

Die Lesung des Wortes Gottes in der Beichte ist ein ganz neues Element. Sie wird nicht als verpflichtend vorgeschrieben, aber doch empfohlen. Wenn auch die praktische Durchführung nicht immer einfach und in vielen Fällen kaum möglich sein wird, so soll hier doch nach dem Sinn der Neuerung gefragt werden. In jeder menschlichen Begegnung spielt das Wort als eine Form der Berührung eine große Rolle: keine Begegnung kann auf das Wort verzichten. In der Beichte geht es um die Berührung mit Gott. So ist es sinnvoll, daß er auch zu Wort kommt, daß Priester und Beichtender sich von seinem Wort berühren und ansprechen lassen.

Die Lesung des Wortes Gottes steht ziemlich am Anfang der Beichte, alles Folgende soll dadurch geprägt und in das rechte Licht gerückt werden. Über die genauere Funktion des Wortes Gottes wurde in diesem Artikel schon gesprochen (2.3), deshalb sollen hier nur noch ein paar praktische Fragen angesprochen werden. Wer liest das Wort Gottes? „Der Priester oder der Büßer liest ...", heißt es in der Neuen Ordnung. Beide können es also tun. Es geht ja nicht um ein gegenseitiges Entgegenhalten des Wortes Gottes, sondern um ein gemeinsames Hören und sich Ansprechenlassen. Wer sucht den Text aus? Es wird gut sein, wenn der Priester Texte, die die Umkehr betreffen, bereit hat. Er kann aber auch erspüren und erfragen, welcher Text dem Beichtenden behilflich sein könnte.

3.3 Das Sündenbekenntnis und die Annahme des Bußwerkes

Da dieser dritte Schritt im Gesamtgeschehen der Beichte von verschiedenen Aspekten her beleuchtet werden muß, gliedern wir ihn in drei Abschnitte: Sündenbekenntnis (1), die Beziehung zwischen Priester und Beichtendem (2) und die Annahme des Bußwerkes (3).

3.3.1 Das Sündenbekenntnis

Das Sündenbekenntnis gehört zu den schwierigsten Teilen der Beichte. Zusammen mit dem Zuspruch und den Fragen des Priesters ist es eine äußerst kritische Stelle; denn der Beichtende soll von seinen persönlichsten Dingen reden, und dies obendrein vor einem Menschen, dessen Reaktionen ihm oft unbekannt sind. Belastende Erfahrungen kommen hinzu: mangelndes Einfühlungsvermögen oder unverständliche Härte auf seiten des Priesters, das Erlebnis der Erfolglosigkeit wiederholten Beichtens auf der eigenen Seite. Auch der Zwang zur Beichte wirft seinen Schatten auf das Sündenbekenntnis. Wer die Geschichte der Beichte kennt, vor allem von ihrer konkreten Seite her, wird solche Empfindungen nicht als völlig unbegründet zurückweisen. Eine Erneuerung der Beichte wird demzufolge nur erreicht, wenn wir uns auf den Vorgang des Sündenbekenntnisses gründlich besinnen.

Gehen wir von der versöhnenden Berührung mit Gott als Schwerpunkt der Beichte aus. Berührung setzt immer voraus, daß wir uns öffnen. Viele Menschen haben auch das Bedürfnis, sich zu öffnen, auch das Bedürfnis, von ihrer Schuld zu reden. Wir teilen uns oft wildfremden Leuten mit, wir suchen den Arzt und den Therapeuten auf, oder wir sprechen uns bei guten Freunden und Bekannten aus. Wir haben das Bedürfnis, von uns selbst zu reden und die Last in uns loszuwerden. Wir möchten bekennen, wer wir sind. Wenigstens vor ein paar Menschen wollen wir unverstellt und ohne ständiges Versteckspiel leben. Wir möchten unser Leben heraussagen und zeigen, damit wir der drohenden Entfremdung gegenüber uns selbst, dem Nächsten und Gott entgehen. Dieses Bedürfnis, sich mitzuteilen, zielt im letzten wohl immer auch auf Heilung und Erlösung. Wir möchten unser Leben freigeben für die versöhnende Berührung. Diesem Bedürfnis steht allerdings ein fast ebenso großer Widerstand entgegen, speziell wenn es sich um unser Versagen, um unsere Schwachheit und um unsere Schuld handelt. Weil es dem Menschen schwerfällt, Not und Schuld preiszugeben, bedarf es auch einer besonderen Sorgfalt bei der Schaffung möglichst guter Bedingungen für das Bekenntnis der Sünden in der Beichte. Davon soll nun die Rede sein, ein paar Hilfen sollen genannt werden.

1. Der Glaube. – Ohne Glauben, ohne das lebendige Vertrauen auf Gott, der an meinem Leben interessiert ist, ist das Eingeständnis der eigenen Sünden kaum möglich. Mit Glauben ist hier nicht in erster Linie Rechtgläubigkeit gemeint, sondern der Glaube, von dem wir leben und aus dem wir Hoffnung und Zuversicht schöpfen. Die Beichtkrise hängt unterschwellig auch mit einer Krise des Glaubens zusammen. Wirksame Hilfen für den Glauben des einzelnen und der Gemeinden, Hilfen für den Glauben heute, werden sicher auch zu einer entscheidenden Hilfe für den Vollzug der Beichte, speziell des Sündenbekenntnisses.

2. Die Einladung. – Ein so persönlicher und beschwerlicher Vollzug wie die Beichte bedarf der Freiheit, wenn er nicht im vorhinein beeinträchtigt werden soll. Um des Gelingens der Umkehr willen wird es deshalb günstiger sein, zur Beichte einzuladen statt zu zwingen. Einladen heißt aber auch: richtig und wirksam motivieren, das heißt mit dem Ernst eines guten Freundes, der alles tut, um seinen Freund auf den rechten Weg zu bringen.

3. Das Beispiel. – Es steht außer Zweifel, daß der einzelne Gläubige leichter zur Umkehr findet, wenn er erlebt, daß auch andere sie vollziehen, daß die ganze Gemeinde samt ihren Vorstehern Umkehr für notwendig erachten und sie praktizieren. Dies mag mit ein Grund dafür sein, daß Umkehr in der Kirche immer in einer gewissen Öffentlichkeit stattfand. Es kann und soll unter Glaubenden keine Schande sein, sich der versöhnenden Berührung mit Gott auszusetzen und dies auch zu bekennen. In dieser Richtung sind auch Bußgottesdienste zu verstehen, ja das gesamte Verhalten der Kirche wird auf irgendeine Weise zum Zeugnis für oder gegen die Umkehr. Diesen Zusammenhang gilt es aufmerksam zu beachten. Wenn beispielsweise heute nach einem besseren Amtsverständnis gesucht wird, dann wird man kaum das Vorangehen in der Umkehr als Element des Amtes übersehen dürfen. Wenn die eigentliche Führung eine geistliche ist, dann gehört es sicher zu den wichtigsten Aufgaben eines Amtsträgers in der Gemeinde, durch eigenes Beispiel Umkehr zu wecken. Dies kann auf vielfältige Weise geschehen.

4. Erzählen statt aufzählen. – das bloße Aufzählen von Sünden wird mit der Zeit leicht formelhaft. Außerdem spricht man dabei nur von Schuld und Sünde, also einseitig von den dunklen Stellen im eigenen Leben, was von manchen Menschen als sehr belastend empfunden wird. Erzählend kommen wir uns selbst näher. Im Beichtgespräch ergibt sich das von selbst, im Beichtstuhl ist es schwieriger zu praktizieren. Diese Schwierigkeit sollte uns aber nicht davon abhalten, nach neuen Wegen in dieser Richtung zu suchen.

5. Die Beschränkung. – Sich beim Bekenntnis der Sünden auf einige wenige und wesentliche Sünden zu beschränken und Schwerpunkte zu setzen kann unter Umständen der Umkehr sehr förderlich sein. Eine Erfahrung bei einer Kinderbeichte führte zu dieser Anregung. Vor der Beichte wurde den Kindern gesagt: „Versucht heute einmal, die wichtigste Sünde zu suchen und so zu beichten.“ Dies führte zu einer viel intensiveren Gewissenserforschung und zu viel persönlicherem Beichten, weil die Kinder dadurch sich selbst und ihrer Schuld näherkamen. Wenn Umkehr an einer Stelle unseres Lebens wirklich geschieht, dann strahlt dies auf alle übrigen Bereiche aus.

3.3.2 Die Beziehung zwischen Priester und Beichtendem

Im Zusammenhang mit der Einzelbeichte, speziell dem Sündenbekenntnis, wird häufig die Frage gestellt: Warum soll ich dem Priester meine Sünden sagen? Diese Frage hat viele Aspekte: einen mehr grundsätzlichen, der die Notwendigkeit des Sündenbekenntnisses vor dem Priester überhaupt betrifft, und einen mehr konkreten, der das Verhalten des Priesters im Zusammenhang mit dem Sündenbekenntnis betrifft. Vom letzteren soll hier die Rede sein. Die Person des Priesters ist mit eine der wichtigsten Bedingungen im Verlauf der Beichte. Nicht umsonst war die Kirche von jeher in der Übertragung der Beichtvollmacht recht vorsichtig. Gute und schlechte Erfahrungen standen dabei im Hintergrund, sie entscheiden auch heute, welches Schicksal der Einzelbeichte beschieden sein wird. Gewiß, der Priester hat bei der Beichte nicht nur die Funktion eines Beraters, das wäre eine theologische Verkürzung. Von seinem Verhalten allerdings hängt sehr viel ab.

In der Neuen Ordnung wird zur Aufgabe des Priesters speziell beim Sündenbekenntnis gesagt, er solle dem Sünder helfen, seine Sünden vollständig zu beichten. Wie kann diese Hilfe aussehen?

1. Die Kunst des rechten Zuhörens. – Schon in alltäglichen Gesprächen stellen wir bei uns und bei anderen Unterschiede in der Art und Intensität des Zuhörens fest. Wir merken auch, daß die Art des Zuhörens den Sprechenden beeinflußt, das Sprechen wird ihm erleichtert oder erschwert. Zum Gelingen des Sündenbekenntnisses reicht es nicht aus, daß der Beichtende um die Schweigepflicht des Priesters weiß. Er möchte mehr; er möchte wissen, in wessen Hände er seine Schuld legt, wem er sie anvertraut. Vor allem aber will er spüren, daß der Priester sein Bekenntnis innerlich annimmt. Dies erleichtert es, sich ihm zu öffnen. Eine aus dem Glauben stammende Ruhe und Aufmerksamkeit fördert die Bereitschaft und den Mut zum Bekenntnis; Äußerungen des Unmuts, der Angst oder Enttäuschung wirken sich hemmend aus.

2. Sich hineindenken. – Soll die versöhnende Berührung gelingen, so muß der Priester den Beichtenden kennen. Dabei ist er meistens auf dessen Bekenntnis angewiesen. Auch wenn es kurz ist, bietet es dem Priester Gelegenheit, den Beichtenden kennenzulernen; vorausgesetzt, er gibt sich Mühe, sich in dessen Situation zu versetzen, sich in ihn hineinzudenken. Ausdrücklich heißt es dazu in der Neuen Ordnung: „Der Priester achtet darauf, sich in allem auf den Büßer einzustellen, sei es in der Art zu sprechen, sei es in den Ratschlägen, die er erteilt." Der Priester wird sich fragen: Wie lebendig ist sein Glaube? Wieviel an Bekenntnis und Umkehr ist ihm jetzt möglich? Was wünscht er im Grunde seines Herzens? Was darf ich ihm zumuten? Welcher Schritt ist heute möglich? Aus dieser Art, sich in die Situation des Beichtenden hineinzudenken, ergeben sich von selbst die richtigen Fragen und die angemessene Hilfe. Sich in einen Menschen hineindenken ist Anteilnahme an seinem Leben, an seiner Not und seiner Schuld. Solche Anteilnahme fördert umgekehrt die Bereitschaft, sich mehr und mehr zu öffnen.

3. Anstöße geben. – Der Beichtende erwartet nicht – wenigstens im Normalfall nicht –, daß ihm alles sehr billig gemacht wird. In jedem Menschen gibt es ein inneres Wissen und ein inneres Gespür für den rechten Weg, den man zu gehen hat. Jeder Mensch hat in sich so etwas wie einen inneren Meister. Oft wurde er zum Schweigen gebracht, er soll wieder zur Sprache kommen. Jeder Beichtende hat auch irgendwo in seinem Inneren den Wunsch, nicht wieder in die Trostlosigkeit der Selbsttäuschung und eines Scheinlebens entlassen zu werden. Dazu bedarf es der helfenden

Anstöße. Es bedarf aber nicht indiskreter Fragen, distanzlosen Stocherns oder einer nur um Vollständigkeit bemühten Angst. Echte Hilfe kann es für den Beichtenden bedeuten, wenn der Priester ihn anregt, den Kern seiner Verfehlungen zu erkennen, sich dem Anspruch des eigenen Wesenskernes, dem Anspruch des Nächsten, dem Anspruch Gottes zu stellen, anstatt die Flucht fortzusetzen. Sich selbst besser erkennen führt von selbst zu einem besseren Bekenntnis und zu einer intensiveren Umkehr. Am Beichtenden liegt es, die an ihn gerichteten Anstöße aufzunehmen und in der Bemühung um Umkehr mitzuspielen.

Zusammenfassend könnte man die Beziehung zwischen Priester und Beichtendem so beschreiben: gemeinsam sich mühen um das Gelingen der versöhnenden Berührung, helfen und sich helfen lassen von beiden Seiten.

3.3.3 Die Annahme des Bußwerkes

Das Bekenntnis der Sünden geschieht nicht um seiner selbst willen, es zielt auf Umkehr und ein neues Leben. Dieses neue Leben in Anfängen wieder einzuleiten ist der Hauptzweck des Bußwerkes. In der Neuen Ordnung der Beichte heißt es dazu: „Sie (die Genugtuung) soll nicht nur eine Sühne für vergangene Schuld sein, sondern auch eine Hilfe zum neuen Leben und ein Heilmittel gegen seine Schwachheit." Bußwerke oder Genugtuung dürfen also nicht einseitig als ‚büßen müssen', als Akt der Wiedergutmachung verstanden werden. Es gab in früheren Zeiten der Kirche sehr harte, sich über Jahre hinziehende, ja lebenslängliche Bußauflagen. Sie brachten immer die Gefahr der falschen Vorstellung mit sich, der Mensch müßte selbst gutmachen, was er zerstört hat, der Mensch müßte – nach Mustern aus dem Rechtsbereich – gezwungen werden, die gestörte Ordnung durch außergewöhnliche Leistungen wiederherzustellen. Das Element der Vergebung und Versöhnung trat demgegenüber stark zurück. Daß ein solches Verständnis und eine daraus kommende Praxis erhebliche Gefahren in sich birgt, liegt auf der Hand. Sie erschwert die Berührung mit Gott; denn darin kommt eine Vorstellung von Gott zum Ausdruck, die der biblischen nicht entspricht. Außerdem darf nicht übersehen werden, wie leicht diese Vorstellung zum Machtmißbrauch auf der einen und zur Verzweiflung auf der anderen Seite führen kann.

1. Der Sinn der Bußwerke. – Wenn wir uns um den Sinn der Bußwerke bemühen, dann müssen wir uns in erster Linie am Verhalten Jesu orientieren. Sein Verhalten ist die oberste Norm für alles, was die Kirche tut. Von all den Menschen, die zu Jesus kommen und Umkehr tun, verlangt er im Grunde nur eines: „Sündige nicht mehr!“, das heißt, es geht ihm um einen entschiedenen Neubeginn. Dieser neue Anfang soll im Denken und Tun erwiesen werden. Die Bereitschaft, neu zu beginnen, soll sich in der Übernahme des Bußwerkes erweisen. Das in der Berührung mit Gott neu gewonnene Vertrauen soll gestärkt werden. Gott soll wieder Raum gewinnen in uns.

Aus dem Gesagten ergibt sich, daß es auch nicht vollkommen gleichgültig ist, welches Bußwerk gewählt wird. Es liegt nahe, an einer bisher gefährdeten Stelle des eigenen Lebens anzusetzen, damit die begonnene Umkehr noch intensiviert und verstärkt wird. Es ist sinnvoll, ein Bußwerk zu wählen, das die wieder zugelassene Berührung mit Gott, dem Nächsten und vernachlässigten Teilen des eigenen Wesens weiterführt. In der Neuen Ordnung der Buße heißt es: „Deshalb soll das Bußwerk, soweit dies möglich ist, der Schwere und Eigenart der Sünde entsprechen. Es kann durch Gebet, Selbstverleugnung, vor allem aber Dienst am Nächsten und Werke der Barmherzigkeit geleistet werden, damit der soziale Aspekt von Sünde und Vergebung sichtbar werde.“

2. Wiedergutmachung. – Vom Bußwerk unterschieden, aber doch in der gleichen Richtung sich bewegend, ist die sogenannte Restitution, die Wiederbehebung eines angerichteten Schadens. Dazu heißt es in der Neuen Ordnung: „Wenn der Büßer Schaden angerichtet oder Ärgernis erregt hat, soll der Priester ihn anleiten, sich eine angemessene Wiedergutmachung vorzunehmen.“

3. Die Annahme. – Zur Frage steht hier selbstverständlich nicht, ob das Bußwerk überhaupt angenommen wird oder ob es abgelehnt wird. Zur Frage steht vielmehr, wie es vom Schwerpunkt der Beichte her am besten gefunden und auferlegt werden kann; denn von der Art und Weise, wie dies geschieht, fällt Licht oder Schatten auf die Berührung mit Gott in der Beichte. An einer Stelle der Neuen Ordnung heißt es: „Dann schlägt er (der Priester) ihm (dem Beichtenden) ein Bußwerk vor.“ Diese Formulierung enthält in ihrer Kürze doch einen wichtigen Hinweis: Das Bußwerk soll gemeinsam gesucht werden, und es soll vom Beichtenden frei angenommen werden können. Damit sind zwei drohende Gefahren abgewiesen: das Auferlegen „billiger“ Bußwerke, die rasch erledigt werden können, die Umkehr nicht fördern, die Berührung mit Gott nicht weiterführen und meist auch vom Beichtenden nicht ernst genommen werden; die zweite Gefahr besteht darin, daß der Beichtende bei der Suche nach dem ihm gemäßen Bußwerk nicht beteiligt wird und deswegen auch dessen Sinn nicht so intensiv erfassen und bejahen kann. Was der Mensch aus echter Einsicht und in persönlicher Freiheit annimmt, fördert ihn weit mehr als das, was ihm von außen auferlegt oder gar aufgezwungen wird. Im Bußwerk soll der Beichtende nicht etwas Fremdes erledigen, sondern einen ganz persönlichen Schritt tun. Besitzt das Bekenntnis der Sünden einen Akzent, dann ist es nicht allzu schwer, ein angemessenes Bußwerk zu finden. Das gemeinsame Bemühen um das Bußwerk vermittelt zugleich dem Priester und dem Beichtenden eine für das Gelingen der versöhnenden Berührung entscheidende Erfahrung: Sie erkennen sich als Freunde und Brüder im Glauben, sie suchen miteinander den besten Weg und fördern auf diese Weise des Verhaltens die Nähe Gottes und das Wachsen des Glaubens.

Hier wie an vielen anderen Stellen der Beichte wird wiederum deutlich, wie wichtig die rechte Bestimmung der Beziehung zwischen Priester und Beichtendem ist. In der augenblicklichen Situation, wo die Beichte vielen etwas fragwürdig erscheint und negative Erfahrungen noch wirken, bedarf es sicher einiger Geduld.

In Glaubensgesprächen und Glaubensseminaren sollte in besonderer Weise die Beziehung zwischen Priester und Beichtendem angesprochen und vom Glauben her erhellt werden. Dies kann für beide Seiten nur von größtem Nutzen sein. Für die Zukunft der Beichte jedenfalls wird davon sehr viel abhängen. Gelingt es, daß Priester und Beichtende sich ihrer gemeinsamen Not und Schuld bewußt bleiben, daß beide sich den mit Mühe und Freude verbundenen Weg nicht ersparen und durchlässig bleiben für Gottes erbarmendes Wirken, dann werden auch beide den oft leidvollen Weg der Umkehr leichter gehen können. Ohne Zweifel gilt es hier, noch vieles zu lernen; zu lernen, wie man schrittweise Mensch werden kann, wie Priester und Gemeinde einander näherkommen können, wie man miteinander glauben kann. Ohne gemeinsames Leben und ohne gemeinsames Glauben wird nämlich auch die Beichte nicht überleben können.

3.4 Das Reuegebet und die Lossprechung

Das Sündenbekenntnis als Erzählen des eigenen Lebens samt Schuld und Versagen schafft im Grunde nur die notwendige Voraussetzung für Reue und Lossprechung. Diese bilden ja den Kern der Beichte und die eigentliche Berührungsstelle mit Gott im Vollzug der Gesamtbeichte. Deswegen – so erklärt die Kirche – kann sich im Notfall die Beichte auf diese beiden Elemente beschränken. Aus demselben Grund sind Mißverständnisse des Sinnes der Reue und der Lossprechung sowie ein rein formeller Vollzug auch besonders verhängnisvoll.

3.4.1 Das Reuegebet

Das Wort ‚Reuegebet' besagt, daß die Reue in einem Gebet zum Ausdruck gebracht werden soll. Völlig irrig wäre es natürlich, anzunehmen, daß Reue mit Hilfe eines aufgesagten Gebetes erledigt werden könnte oder damit identisch sei. Reue kann man nicht aufsagen oder machen, man kann sie im Grunde nur zulassen oder erwecken (siehe dazu die Übungen S. 62–75). In alten Gebeten zur

Beichte findet sich öfter die Formulierung „Reue und Leid erwekken", was doch voraussetzt, daß es so etwas wie eine schlafende Reue und ein schlafendes Leid gibt, eine Reue und ein Leid, das wir nicht wach werden lassen. Man kann Reue tatsächlich als Zulassen eines bestimmten seelischen Schmerzes verstehen. Der Mensch neigt ja dazu, Schmerz zu vermeiden. Das ist natürlich, oft aber unterscheidet er dabei nicht, um welche Art von Schmerz es sich handelt, und dies kann ihm zum Verhängnis werden; denn es gibt den Schmerz, der für die persönliche Reifung und Läuterung unumgänglich ist, der unser Leben verwandelt und weiterführt. Wird dieser Schmerz in der Reue nicht zugelassen oder nur zum Schein vorgegeben, dann kommt es auch nicht zur Berührung mit der eigenen Schuld, und auch nicht zur versöhnenden und heilenden Berührung mit Gott, dann gibt es auch keine Lösung von der Sünde und keinen Neubeginn.

Die Reue als Zulassen eines läuternden Schmerzes bedarf allerdings des Glaubens, des lebendigen Vertrauens auf Gott. Sie ist dem Menschen nur möglich, wenn er zuversichtlich hoffen kann und sicher weiß, daß er in diesem Schmerz nicht umkommt, sondern dafür Bejahung erfährt. Insofern ist Reue auch ein Ausdruck des Glaubens: In der Reue nämlich lassen wir uns von Gott anrühren. Wir öffnen uns Gott gegenüber wieder, wo wir uns seiner Nähe verschlossen haben, wo wir seinem Zuspruch uns verweigert und uns von ihm abgewendet haben. In der Trauer über unseren Eigensinn, über die zugelassene Bedrohung unseres Glaubens, über die Entfremdung von Gott und den Ausschluß Gottes aus unserem Denken und Handeln kann sich unser Glaube regenerieren. Reue tendiert von Natur aus zu einer neuen, lebendigeren Beziehung zu Gott. Reue, das heißt bereuen können, wurde in der Kirche ja immer auch als ein Geschenk Gottes verstanden, das wir Menschen annehmen. Gott geht auch uns Menschen entgegen.

Vielleicht wird Reue selten in ganz reiner Gestalt zustande kommen. Meist finden sich in ihr Elemente persönlicher Kränkung, verletzten Ehrgeizes oder Elemente der Angst. Es gibt die

Reue um unserer selbst willen. Sind diese Elemente zu stark vertreten, führt eine solche Reue erfahrungsgemäß mehr zu Ohnmachtsgefühlen, zu Verzweiflung und Lähmung und nicht so sehr zu echter Umkehr. Aus diesem Grunde empfiehlt es sich, bei Glaubensgesprächen und in der Predigt Reue so anzuregen, daß sie aus der Beziehung zu Gott und dem Nächsten entspringen kann und auch wieder dorthin zurückführt.

3.4.2 Die Lossprechung

Reue und Lossprechung bilden eine innere Einheit, den Kern der Beichte. Beide sind aufeinander bezogen. Den Schmerz der Reue zulassen und die Einsicht in die eigene Schuld sich gewähren, dies können wir nur im lebendigen Vertrauen auf Gottes Erbarmen. Dieses Erbarmen wird uns in der Lossprechung wirksam zugesagt. Es erreicht uns und löst uns von der Sünde, wenn uns die ganz persönliche Trauer über unsere Irrwege dafür bereit gemacht hat. Was ist Lossprechung?

Lossprechung ist kein Freispruch gegen eigenes besseres Wissen, sie zaubert das Geschehene nicht einfach weg, sie ist auch nicht als Verdecken unserer Schuld oder als bloße Beruhigungspille zu verstehen. So gesehen könnte die Lossprechung nur als Automatismus und billige Magie begriffen werden, die im Grunde nichts bewirken, weder Vergebung noch Freude. Dies bestätigt auch die Erfahrung: Billig gemachtes Beichten und nachgeworfene Lossprechungen erzeugen auf die Dauer mehr Enttäuschung und Langeweile als Erlösung und Befreiung. Gottes Erbarmen verlangt als innere Konsequenz die Beteiligung des Menschen. Von daher empfiehlt es sich, entsprechend den Intentionen des neuen Ritus, in den einzelnen Schritten der Beichte bis hin zur Lossprechung auf die lebendige Berührung mit Gott zu achten, sie zu fördern und dazu zu ermutigen. Dann wird auch das zeitlich sehr kurze Wort der Lossprechung sein Gewicht bekommen. Sie wird Vergegenwärtigung des versöhnenden Wortes Gottes, das uns von Sünde und Unglaube löst. Im Wort der Lossprechung werden wir dann auch wirklich hören, was Gott uns sagt: Ich nehme dich wieder an. Du gehörst wieder zu mir. Trotz deines Versagens und deiner Irrwege stehe ich zu dir. Deine Erinnerungen brauchen dich nicht zu erdrücken. Du kannst ohne Maske vor mir leben. Du kannst das Versteckspiel und die ständige Flucht beenden. Ich bedrohe dich nicht, sondern gewähre dir neues Leben. Ich stifte den Bund mit dir neu, ich schaffe eine neue Beziehung.

In der Situation der Einzelbeichte, wo der Sünder sein ganz persönliches Leben erzählt, wo er als einzelner seine Schuld bekennt und den Schmerz der Reue allein durchsteht, da wird ihn auch das versöhnende Wort der Lossprechung besonders intensiv treffen. So sagt Martin Luther in einer Rede von der Beichte: „Hier kann das Wort niemand treffen denn dich allein." So wichtig es ist, daß die ganze Gemeinde Umkehr tut und der einzelne mit ihr, so gut und notwendig wird es immer sein, daß wir Reue und Lossprechung auch ganz persönlich auf uns bezogen erleben und erfahren.

3.5 Lobpreis Gottes und Entlassung des Büßers

Hat der Beichtende sein Leben der versöhnenden Berührung durch Gott angeboten, hat er den Schmerz und die Trauer über seine Sünde zugelassen und das befreiende Wort der Lossprechung zugesprochen bekommen, hat er Umkehr wirklich vollzogen und eine neue Beziehung zu Gott gewonnen, dann wird er ganz von selbst zum Lobpreis Gottes gelangen. Der Lobpreis wird sich ganz natürlich aus dem Verlauf der Beichte ergeben; Lobpreis und Dank können ja nicht gemacht werden, sie entspringen aber dort, wo wir etwas für unser Leben Bedeutungsvolles und Gutes erfahren haben.

Entsprechend der gegenseitigen Hilfe bei der Versöhnung und Umkehr ist in der Neuen Ordnung vorgesehen, daß der Lobpreis im Wechsel von Priester und Beichtendem gebetet wird. Beide können dafür danken, daß Gott Einsicht gab und den Mut zur Umkehr, daß er Versöhnung gewährte und von der Faszination durch die Sünde befreite, daß er neues Leben schenkte und neue Verwurzelung in ihm.

Der Priester entläßt den Büßer – so heißt es im neuen Ritus – mit den Worten: „Der Herr hat dir die Sünden vergeben. Gehe hin in Frieden!“ Es ist der Gruß Jesu an seine Jünger, der Gruß, der ihnen Kraft gab, ihre Angst zu überwinden, in den Bereich des Unglaubens hinauszugehen und andere in den Raum des Glaubens und der Freundlichkeit Gottes hereinzuholen. „Friede sei mit euch“, das heißt, unversehrt ist die Beziehung zwischen Gott und dir. Gehe deinen Weg in diesem Vertrauen. Die Berührung durch Gott hat dich geheilt und gestärkt. Gehe hin zu deinen Mitmenschen als einer, der um Gottes Erbarmen weiß und daraus lebt.

Zur Information und als Grundlage für Gespräche sind im Anschluß an dieses Thema Teile aus dem römischen Dekret abgedruckt, die die Einzelbeichte betreffen. Für den einzelnen Leser und bei der Durchführung von Glaubensseminaren empfiehlt es sich, die oben angesprochenen Leitgedanken im Ritus selbst wiederzuentdecken und im Vollzug einzubringen.

Die Feier der Buße nach dem neuen Rituale Romanum (Auszug)

ERSTES KAPITEL

Die Feier der Versöhnung für einzelne

BEGRÜSSUNG

41. Der Priester empfängt gütig den Gläubigen, der zum Bekenntnis seiner Sünden zu ihm kommt, und begrüßt ihn freundlich.

42. Dann macht der Beichtende und gegebenenfalls auch der Priester das Kreuzzeichen und spricht:
„Im Namen des Vaters und des Sohnes und des Heiligen Geistes. Amen.“

Der Priester ermuntert ihn mit folgenden oder ähnlichen Worten zum Vertrauen auf Gott:
„Gott, der unser Herz erleuchtet,
schenke dir wahre Erkenntnis deiner Sünden
und seiner Barmherzigkeit."
Der Beichtende antwortet:
„Amen."

LESUNG DES WORTES GOTTES (freigestellt)

43. Wenn es ihm gut scheint, kann der Priester einen Schrifttext über die Barmherzigkeit Gottes und die Bekehrung des Menschen vorlesen oder auswendig sprechen.

SÜNDENBEKENNTNIS UND GENUGTUUNG

44. Der Beichtende kann, wo es Sitte ist, das Bekenntnis seiner Sünden mit einem allgemeinen Sündenbekenntnis (z. B. „Ich bekenne") beginnen.
Wenn nötig, hilft ihm der Priester, seine Sünden vollständig zu beichten, bietet ihm seinen Rat an und ermahnt ihn zur Reue über seine Sünden. Deshalb erinnert er ihn daran, daß der Christ durch das Bußsakrament am Tod und an der Auferstehung Christi teilhat und daß sein Leben durch das Ostergeheimnis erneuert wird. Dann schlägt er ihm ein Bußwerk vor, das der Beichtende zur Genugtuung für seine Sünden und zur Besserung seines Lebens auf sich nimmt.
Der Priester achte darauf, sich in allem auf den Beichtenden einzustellen, sei es in der Art zu sprechen, sei es in den Ratschlägen, die er erteilt.

GEBET DES GLÄUBIGEN UND LOSSPRECHUNG

45. Der Priester lädt den Gläubigen, der gebeichtet hat, ein, seine Reue zum Ausdruck zu bringen. Dieser kann mit folgenden oder ähnlichen Worten beten:
„Mein Gott, von ganzem Herzen bereue ich, daß ich Böses getan und Gutes unterlassen habe; denn durch meine Sünde habe ich dich, das höchste Gut, beleidigt, anstatt dich mehr als alles zu lieben.
Mit deiner Gnade nehme ich mir fest vor, Buße zu tun, nicht wieder zu sündigen und die Gelegenheit zur Sünde zu meiden.
Um des Leidens unseres Erlösers, Jesu Christi, willen, erbarme dich meiner, o Herr."

46. Dann streckt der Priester seine Hände (oder wenigstens die Rechte) über das Haupt des Gläubigen aus und spricht:
„Gott, der barmherzige Vater,
hat durch den Tod und die Auferstehung seines Sohnes
die Welt mit sich versöhnt
und den Heiligen Geist gesandt
zur Vergebung der Sünden.
Durch den Dienst der Kirche
schenke er dir Verzeihung und Frieden.
So spreche ich dich los von deinen Sünden
im Namen des Vaters und des Sohnes
und des Heiligen Geistes."
Der Gläubige antwortet:
„Amen."

LOBPREIS GOTTES UND ENTLASSUNG

47. Nach der Lossprechung fährt der Priester fort:
„Dankt dem Herrn, denn er ist gütig."
Der Gläubige fügt hinzu:
„Denn sein Erbarmen währt ewig."
Dann entläßt der Priester den Gläubigen, der Versöhnung empfangen hat, mit den Worten:
„Der Herr hat dir die Sünden vergeben.
Geh hin in Frieden."

FÜNFTES THEMA

Warum man trotzdem beichten soll

Zur Situation des Bußsakramentes

Von Karl Rahner

Das Bußsakrament hat in jüngster Zeit zweifellos eine neue Entwicklung durchgemacht, über die nachzudenken der Mühe wert ist. Durch viele Jahrhunderte hindurch (seit dem frühen Mittelalter) war die Praxis des Bußsakramentes ziemlich gleichmäßig gewesen. Jeder katholische Christ hatte den Eindruck, verpflichtet zu sein, seine Sünden dem verordneten Priester mindestens einmal im Jahr zu beichten; und darüber hinaus war die sogenannte Andachtsbeichte eine selbstverständlich gehandhabte Übung der frommen Christen, die das Bußsakrament öfter als jährlich empfingen im Bekenntnis leichterer Sünden, vielleicht sogar ebenso oft beichteten, als sie zum Sakrament des Altares gingen. Heute ist das Bußsakrament in eine kritische Situation geraten. In unseren Ländern wird, kurz gesagt, seltener gebeichtet, vielleicht sogar in vielen Fällen das Bußsakrament von Christen nicht mehr empfangen, die sich durchaus als fromme Christen betrachten und vielleicht sogar bei jedem eucharistischen Gottesdienst auch die heilige Kommunion empfangen. Wir wollen uns einige Gedanken darüber machen, wie eine solche Krise beurteilt werden muß.

1 Muß ein Christ überhaupt beichten?

Es ist selbstverständlich nicht so, daß jede Entwicklung in jeder Zeit in der Kirche positiv beurteilt werden muß. Es gibt zweifellos auch kürzer oder länger andauernde Entwicklungen, die weniger wünschenswert sind, die vielleicht sogar bekämpft und ausgeschaltet werden sollten. So etwas ist in der Kirche durchaus möglich, und deswegen ist die Frage, wie die heutige Situation des Bußsakramentes zu beurteilen sei, eine Frage, die man stellen kann und stellen muß. Die richtige Antwort ist nicht einfachhin von vornherein eindeutig klar. Zur Beantwortung ist erstens etwas zu sagen zur Frage, welche Verpflichtung ein Christ zur sakramentalen Einzelbeichte vom göttlichen Recht (Gebot) her hat und welche nicht. Erst wenn diese Frage beantwortet ist, können wir wirklich an die Frage herantreten, wie die heutige Situation des Bußsakramentes zu beurteilen sei.

1.1 Beichtpflicht und schwere Sünde

Diese erste Frage ist zunächst dahin zu beantworten, daß ein katholischer Christ dann und nur dann zu einer sakramentalen Beichte verpflichtet ist, wenn er subjektiv und objektiv schwer gesündigt hat, wobei wir die Frage zunächst einmal beiseite lassen können, wie schnell er dieser Pflicht nachkommen muß. Das kann man als eine sekundäre Frage betrachten, auf die wir hier nicht eingehen müssen. Wir könnten jedenfalls sagen, daß diese Frage zumindest durch ein *Kirchen*gebot vom Vierten Laterankonzil praktisch beantwortet ist, demzufolge ein solcher Christ, der objektiv und subjektiv schwer gesündigt hat, innerhalb eines Jahres dieser Verpflichtung göttlichen Rechtes genügen muß. Aber wir haben uns etwas genauer mit dem allgemeinen Grundsatz zu befassen, den ich eben genannt habe. Nach der Lehre des Konzils von Trient wird man wohl nicht daran zweifeln dürfen — obwohl vielleicht auch da noch einige Theologen gewisse Fragen haben —, daß ein Christ, der wirklich schwer gesündigt hat, diese seine schwere Schuld durch den Empfang des Bußsakramentes in einer eigentlichen Einzelbeichte tilgen muß, so daß in einem solchen Fall die rein subjektive Buße der Reue und der privaten Bitte um Vergebung und auch eine sogenannte Bußandacht nicht genügt.

Gehen wir ruhig davon aus, daß in diesem genannten Fall eine solche Verpflichtung zur „Ohrenbeichte“ vorhanden ist, und zwar eine Verpflichtung göttlichen Rechtes, die sowohl aus der Natur des Verhältnisses eines Menschen zur Kirche als auch aus der Natur der Kirche selbst und des in ihr eingesetzten Bußsakramentes folgt, also nicht im Belieben der Kirche steht, so daß sie diese Verpflichtung aufheben oder abschaffen könnte.

Mit einem solchen Prinzip ist aber die konkrete, praktische Frage, die hier ansteht, noch gar nicht beantwortet. Denn es entsteht, wenn man dieses Prinzip aufrechterhält und in die Praxis überführen will, unweigerlich und notwendig die Frage, wann denn eine solche objektiv und subjektiv schwere Sünde vorliegt. Daß es Sünden gibt, die nicht in diese Kategorie fallen, die also zu beichten ein Christ nicht verpflichtet ist, das ist eine Selbstverständlichkeit. Wir pflegen im Jargon des Katechismus solche Sünden läßliche Sünden zu nennen im Unterschied zu den sogenannten schweren Sünden oder Todsünden. Mit anderen Worten, es entsteht nun die Frage, wie diese beiden Arten von Sünden, die einen sehr wesentlichen, fundamentalen Unterschied aufweisen, unterschieden werden können. Es handelt sich dabei nicht bloß um den *objektiven* Unterschied zwischen einer schweren und einer läßlichen Sünde, z.B. um den objektiven Unterschied zwischen einem Mord und einer, zwar freiwilligen, Unachtsamkeit und Zerstreuung im Gebet oder einer zwar bewußten, aber leichten Lieblosigkeit gegenüber einem Nächsten. Daß es einen solchen objektiven Unterschied gibt, ist eine Lehre der Kirche, die gerade auch im Konzil von Trient sehr deutlich ausgesagt wurde. Aber hinsichtlich der Beichtpflicht handelt es sich eben nicht bloß um einen objektiven Unterschied zwischen schweren und läßlichen Sünden, von denen nur die ersteren gebeichtet werden müssen, sondern es handelt sich um die Frage nach der subjektiven Schuldhaftigkeit des Menschen. Daß unter Umständen ein Mensch einen Verstoß gegen eine objektiv vom Wesen der Sache her schwere Verpflichtung so begehen kann, daß er doch vor Gott nicht im eigentlichen Sinne schuldig wird, das ist auch eine Selbstverständlichkeit. Man darf niemanden vergiften, aber wenn ein Apotheker durch irgendeine Nachlässigkeit, die ihn vor Gott nicht im eigentlichen Sinn schwer schuldig werden läßt, ein Rezept falsch ausführt und der Benutzer dieser Medizin daran stirbt, dann kann man durchaus von einer objektiv schweren Verfehlung sprechen, die aber subjektiv im eigentlichen Sinne den Menschen nicht vor Gott in einer absoluten Weise schuldig werden läßt, so daß zwischen Gott und dem Menschen wirklich eine absolute, wenn auch wieder aufhebbare, Trennung bestünde.

Es ist also dieses Prinzip, daß jemand schwere Sünden durch die sakramentale Einzelbeichte tilgen muß, von den objektiv *und* subjektiv schweren Sünden zu verstehen. Wo vielleicht zwar eine objektiv schwere Schuld gegeben ist, die aber von dem betreffenden Menschen nicht wirklich realisiert wird, ist nach der Lehre des Trienter Konzils eine eigentlich absolute, selber wieder unter schwerer Sünde verpflichtende Pflicht zur sakramentalen Einzelbeichte *nicht* gegeben.

1.2 Subjektiv und objektiv schwere Schuld

Nun hat man in der kirchlichen Praxis durch die vielen Jahrhunderte, mindestens seit dem frühen Mittelalter, bis ungefähr auf unsere Tage in der kirchlichen Praxis der Frommen diesen fundamentalen Unterschied zwischen einer auch subjektiv schweren Schuld und einer *bloß* objektiv schweren Schuld mehr oder minder vernachlässigt. Der normale Christ hat in der sakramentalen Beichte, die er ja mindestens jährlich oder auch noch öfters ablegte, einfach all das gebeichtet, was in der allgemeinen Moral als objektiv schwer schuldhaft erklärt worden ist, wobei im Grunde genommen auch nicht allzusehr darauf reflektiert wurde, ob die traditionelle Qualifikation einer Schuld durch die Moraltheologen nun wirklich sicher oder nur eine mehr oder minder begründete, aber nicht absolut sichere Meinung der Theologie ist. Die Theologen sagten, jeder Christ müsse jeden Sonntag, wenn er nicht legitim verhindert ist, die Sonntagsmesse hören, das sei eine strenge

Verpflichtung, und wer sie nicht erfülle, habe zunächst einmal objektiv eine schwere Sünde begangen. Daß in sehr vielen Fällen dann die Frage sehr offen war, ob eine objektive Verfehlung gegen dieses strenge Kirchengebot auch subjektiv eine schwere Sünde ist, darauf hat man nicht weiter reflektiert, und der normale Christ hat eben dann eindeutig und einfach gebeichtet: ich habe, obwohl ich hätte können, also nicht krank war oder sonst legitim verhindert, soundso oft die Sonntagsmesse unterlassen. Und er hat das als die konkrete Durchführung seiner Pflicht, schwere Sünden zu beichten, betrachtet.

Nun ist aber in der neuesten Zeit aus den verschiedensten Gründen die Frage, was nicht nur objektiv, sondern auch subjektiv eine schwere Sünde ist, sehr in die Diskussion geraten. Zunächst wird sogar in sehr vielen Fällen gegenüber der früheren, traditionellen Moral die heutige Auffassung auch von den Moraltheologen dahingehend berichtigt, daß manches, was man früher als eine objektiv schwere Verpflichtung bzw. eine objektiv schwere Schuld betrachtet hat, in Wirklichkeit eine solche nicht ist. Man wird heute schwer behaupten können, daß jedwede freiwillige Unterlassung einer einzelnen Sonntagsmesse einen normalen Christen in eine solche absolute, radikale Feindschaft mit Gott versetzt, wie wenn er z.B. einen anderen Menschen heimtückisch umgebracht hätte. Aber wir werden hinsichtlich der Schuld nicht nur bezüglich ihres *objektiven* Gewichts heute differenzierter und — in vielen Fällen wenigstens — auch milder urteilen, sondern wir werden — und zwar mit einem gar nicht schlechten Recht, das mit moralischer Laxheit nichts zu tun hat — auch in sehr vielen Fällen sagen müssen, daß mindestens eine subjektiv schwere Schuld nicht vorliegt. Viele Menschen haben faktisch nicht jenes Vermögen sittlicher Abwägung, daß jedweder objektiv schwere Widerspruch zum göttlichen Willen diesen Menschen auch subjektiv so schwerwiegend erscheint, daß sie sich sagen müßten: Wenn ich das trotzdem tue, setze ich ein wirklich radikales Nein zu Gott und seinem Willen. Wir wissen heute deutlicher als früher und setzen also dieses Wissen auch in die Praxis um, daß sehr viele Menschen ein geringes Wahrnehmungsvermögen hinsichtlich der Dringlichkeit einer sittlichen Pflicht haben. Dieses Vermögen ist oft geringer, als an und für sich wünschenswert wäre. Aber es ist gering. Wir wissen heute aus der modernen Psychologie, wie oft, und zwar nicht nur dort, wo es sich um Verbrechen handelt, sondern auch im normalen Alltagsbetrieb, auf verminderte Zurechnungsfähigkeit befunden werden darf. Wir haben vielleicht darüber hinaus heute ein in sich und grundsätzlich durchaus legitimes Empfinden, daß der arme, schwache, von tausend Belastungen seines Milieus bedrängte Mensch wirklich nicht so leicht und so oft mit seiner sittlichen Freiheit in einen solchen Konflikt mit Gottes Willen kommen wird, daß dieser Konflikt (wenn nicht durch Reue beigelegt) von Gottes heiliger Gerechtigkeit mit der ewigen Verdammnis beantwortet werden müßte. Wir sind vielleicht sogar heute — auch wieder nicht a priori unberechtigterweise — der Meinung, daß wirklich subjektiv schwere Schuld, die ewiger Verdammnis gerechterweise würdig wäre, nicht etwas ist, was in dem normalen Leben eines anständigen Christen sehr oft oder sehr schnell vorkommen wird. Wir sind da — warum sollte das nicht berechtigt sein! — optimistischer. Wir werden den normalen Christen hinsichtlich seiner moralischen Qualität heute auch nicht gerade besonders günstig beurteilen. Wir wissen, er ist dumm, er ist schwach, er ist der öffentlichen Meinung, obwohl diese vielleicht sehr unchristlich ist, weitgehend untertan; er ist durch seine genetische Veranlagung, durch die Mängel der Erziehung, durch seine Lebensschicksale vielleicht moralisch relativ stumpf und primitiv, und wir werden, gerade wenn wir die heutige Menschheit anschauen, hinsichtlich ihrer moralischen Qualität nicht sehr enthusiastische Urteile fällen. Aber daß diese Menschheit, so wie sie konkret ist, im Normalfall vom Grund des eigenen Freiheitswesens her so böse ist, daß sie im Durchschnitt ein absolutes Nein zu Gott sagt, das nur die andere Seite ewiger Verlorenheit ist, so zu urteilen bringen wir heute als Christen, wie ich meine, mit Recht nicht fertig. Wir sind im Grunde genommen eben optimistischer als der hl. Augustinus, der im großen und ganzen die Menschheit als eine „massa damnata“ betrachtete, aus der nur durch die seltene Gnade Gottes einige wenige gerettet werden.

1.3 Rückgang der Beichten — keine Katastrophe

Wenn wir aber hinsichtlich der Frage des Gegebenseins subjekiv schwerer Schuld viel zurückhaltender sind als die Menschen früher und wenn wir ein Recht haben, so zu denken und zu empfinden, also aus Gottes Gnade heraus den Menschen optimistisch zu betrachten trotz seiner empirischen Erbärmlichkeit, dann wird eben die Frage, wann und wie oft ein Christ zum Empfang des Bußsakramentes streng verpflichtet ist, sehr viel schwieriger. Die Kirche hat in ihrer praktischen Pastoral bis heute noch nicht sehr große Mühe darauf verwendet, den Unterschied zwischen objektiv schwerer und subjektiv schwerer Schuld im konkreten Alltagsbewußtsein der Gläubigen lebendig zu machen und herauszuarbeiten. Aber es ist nun einmal nach der amtlichen Lehre der Kirche so, daß nur dort, wo mit einer genügenden moralischen, wenn auch nicht absoluten, Gewißheit feststeht, daß ein Mensch auch subjektiv schwer gesündigt hat, er zum Bußsakrament durch göttliches Recht verpflichtet ist. Und wenn wir heute, wie ich eben andeutete, mit einem gewissen Recht urteilen, daß die subjektiv schweren Sünden nicht so oft und nicht so selbstverständlich und alltäglich im Leben eines normalen Christen vorkommen, dann haben wir das Recht zu sagen, daß der Fall einer göttlichen Verpflichtung zum Empfang des Bußsakramentes nicht so oft eintritt, als die frühere Pastoral es in der Praxis stillschweigend voraussetzte. Man könnte natürlich über das, was ich bisher ausgeführt habe, noch sehr viel sagen. Man könnte über das Problem der Unterscheidung zwischen läßlicher und schwerer Sünde reden, über eine Frage also, die nicht so einfach ist, wie ich sie bisher dargestellt habe und wie sie auch in unserer normalen Moraltheologie vorausgesetzt wird. Man könnte die Frage stellen, wie man denn in der Praxis des konkreten christlichen Alltagslebens überhaupt zu einem vernünftigen Urteil mit einer gewissen moralischen

Sicherheit kommen könne, daß hier nur eine subjektiv läßliche und dort eine subjektiv schwere Sünde vorliegt usw. Aber wir können jetzt hier alle diese an sich sehr wichtigen Fragen nicht näher besprechen. Wir können nur feststellen, daß es bei genauer Interpretation der Beichtpflicht nicht so verwunderlich und nicht so widersprüchlich ist, daß heute seltener gebeichtet wird. Ob dieser Rückgang wünschenswert oder bedauerlich ist und ob er durch eine kluge pastorale Erziehung wieder rückgängig gemacht werden müßte, das ist eine ganz andere Frage, über die wir nachher noch sehr viel werden sagen müssen. Aber wenn jemand die Frage stellen würde: ist die Tatsache des Rückgangs des Bußsakramentes ein eindeutiger Beweis dafür, daß eine große Zahl der heutigen katholischen Christen gegen die objektive Verpflichtung zum Bußsakrament beim Vorliegen von subjektiv schweren Sünden verstößt, dann muß man diese Frage mit Nein beantworten. Aus dem rein zahlenmäßigen Rückgang der sakramentalen Beichten kann man nicht mit eindeutiger Sicherheit schließen, daß die heutigen katholischen Christen gegen ein sie verpflichtendes, strenges Gebot Gottes verstoßen. Das könnte man nur dann sagen, wenn einerseits selten gebeichtet würde und anderseits feststünde, daß wirklich subjektiv schwere Sünden nicht selten, sondern sehr oft vorkommen. Da man aber dieses zweite eben nicht mit Sicherheit sagen kann, da man durchaus hoffen kann, daß solche Sünden, die den Menschen der ewigen Verdammnis würdig machen, mindestens im normalen Christenleben nicht oft oder vielleicht sogar gar nicht vorkommen, darum kann man aus dem Rückgang der Beichtpraxis nicht sicher schließen, daß die Christen einer objektiv auf ihnen liegenden Beichtpflicht faktisch nicht nachkommen.

Es gibt freilich auch Christen, die gegen eine solche Verpflichtung verstoßen, weil natürlich auch unter ihnen wirklich schwere Sünden vorkommen, die objektiv und auch subjektiv solche sind. Wenn eine Mutter, die sehr gut noch ein Kind haben könnte, die wirtschaftlich und menschlich durchaus in der Lage dazu wäre und die durch keine großen äußeren Umstände in Bedrängnis ist, aus purer Bequemlichkeit und anderen schäbigen Gründen eine

Abtreibung vornehmen läßt, dann ist durchaus die Möglichkeit gegeben, daß es sich hier nicht nur um einen objektiv, sondern auch um einen subjektiv schweren Verstoß gegen das Fünfte Gebot handelt.

Aber auch wenn das zugegeben und deutlich gemacht wird, steht damit noch nicht fest, daß subjektiv schwere Schuld beim Normalchristen so häufig vorkommt, daß man daraus auf eine erschreckende und massive Unchristlichkeit wegen des Verstoßes gegen die Beichtpflicht schließen kann. Die kirchliche Praxis in der Pastoral, in der Predigt, in der Empfehlung des Bußsakraments und im Katechismusunterricht in der Schule dürfte die häufigere Beichte nicht dadurch wieder zu erreichen suchen, daß sie bei der Beichtempfehlung mit falschen, unwahren Argumenten arbeitet oder Prinzipien verschleiert, die in dieser Sache an und für sich gegeben sind und die wir gerade genannt haben. Auch ein sehr frommer Christ könnte vom göttlichen Gebot aus selbst zu Ostern sagen: ich beichte nicht und ich verstoße dadurch auch gar nicht gegen das Gebot der Kirche, weil ich mich durch die Gnade Gottes keiner subjektiv schweren Sünde schuldig weiß und darum auch zu Ostern eine solche Verpflichtung nicht gegeben ist.

Ich kannte eine fromme alte Frau, die aus vielleicht sehr merkwürdigen subjektiven Gegebenheiten ihrer Psychologie es einfach nicht fertigbrachte, in den Beichtstuhl zu gehen und dort einem Priester etwas ins Ohr zu flüstern. Und diese Frau war eine fromme, betende, keinem Menschen ein Haar krümmende, Gott liebende Frau. Man müßte ihr sagen: wenn du solche subjektiven Hemmungen hast zu beichten, dann brauchst du auch zu Ostern nicht beichten, dann laß es bleiben, dann ist das durchaus mit der Lehre der Kirche und ihrem Gebot vereinbar.

2 Sollen die Christen heute beichten?

Mit den bisherigen Feststellungen ist aber das eigentliche Problem nicht gelöst. Wenn nur das gelten und betrachtet würde, was wir bisher gesagt haben, könnte man ja sagen, der heutige Schwund der Beichthäufigkeit sei schlechthin und in jeder Hinsicht legitim, sei nichts als die Ausführung der göttlichen Vorschrift, daß eben nur die wirklich schweren Sünden gebeichtet werden müssen und daß die Überzeugung legitim sei, daß solche Sünden nicht allzu häufig sind oder jedenfalls in besonderer Häufigkeit innerhalb des kirchlichen Lebens nicht nachgewiesen werden können. Also, könnte man sagen, wenn heute nur noch selten gebeichtet wird, dann ist das nichts als die getreue, selbstverständliche Anwendung desjenigen Dogmas, das die Kirche im Trienter Konzil verkündet hat. Aber so einfach ist die Sache eben doch nicht.

2.1 Beichte — nicht erst auf dem Sterbebett

Um hier weiter zu sehen, müssen wir zunächst einmal eine allgemeinere Überlegung anstellen, die dahin geht, daß es sehr vieles und sehr Wichtiges in der Kirche gibt und geben muß, was nicht unmittelbar durch eine göttliche Anordnung, durch die Kirchenstiftung selber schon gedeckt ist. Es gibt zum Beispiel in der Kirche die Orden. Daß es einen Franziskanerorden, einen Jesuidenorden, einen Benediktinerorden usw. gibt, kann man sicher nicht als eine göttliche, die Kirche notwendig verpflichtende Anordnung ansehen. Und trotzdem muß es eben in der Kirche jenes Leben, das sich in den Orden entfaltet, in ihnen geregelt und geschützt wird, geben. Man könnte gewissermaßen sagen, die göttlichen Anordnungen über die Kirche und über ihr Leben sind so etwas wie das Knochengerüst eines lebendigen Organismus. Aber zu ihm hinzu muß eben dann doch vieles andere, was nicht Knochen ist, kommen. Es muß Fleisch geben, es muß lebendigen Austausch von Stoffen geben usw. So ähnlich ist es auch in der Kirche. Es gibt Orden, es gibt bestimmte Andachten, es gibt bestimmte Entwicklungen in der Theologie, theologische Schulen, ganz bestimmte Weisen des christlichen Lebens, die alle nicht einfach als eine göttliche Verpflichtung in der Kirche gegeben sind.

Man könnte beinahe paradox sagen, es gibt eine göttliche Verpflichtung, daß es in der Kirche Wirklichkeiten, Vollzüge, Lebensbekundigungen gibt, die selber, je für sich, nicht noch einmal göttliche Anordnung in sich selber sind. Wenn jemand von allen kirchlichen und christlichen Lebensäußerungen fordern wollte, sie bräuchten eine göttliche Beglaubigung „juris divini", dann würde er etwas absolut Falsches behaupten, würde an und für sich — so merkwürdig das klingt — das eigentliche Leben in der Kirche aufheben. Es muß in der Kirche, damit sie wirklich voll lebendig ist, durchaus Lebensweisen, Handlungen und Lebensstile geben, die sich nicht selbst unmittelbar auf ein göttliches Mandat berufen können und doch eben zum vollen Leben der Kirche mehr oder weniger notwendig gehören. So etwas gilt auch für die häufigere Beichte. Zunächst könnte man, um das zu verdeutlichen, schon auf die simple Tatsache hinweisen, die schon dem einen oder anderen Kirchenvater in der alten Kirche aufgegangen ist, daß, wenn wirklich in der Kirche nur schwerste Sünden gebeichtet werden würden, tatsächlich sich diese Verpflichtung selber aufheben oder bis zum Lebensende des einzelnen Menschen verschieben würde. Wenn zum Beispiel von vornherein bei dieser Übung feststünde, daß alle jene Leute, die vor dem Beichtstuhl stehen, schwerste Sünden begangen hätten — einen Meineid geschworen, mit kaltem Blut die Ehe in wirklich schrecklicher Weise gebrochen hätten usw. —, dann ist es selbstverständlich, daß gerade auch diese Leute nicht vor dem Beichtstuhl stehen würden. Sie würden sich ja bei dieser Methode in aller Öffentlichkeit schwerster Sünden bezichtigen. Das aber ist den Menschen praktisch nicht zuzumuten.

Man könnte schon aus diesem simplen Grunde sagen, daß, wenn nur schwere Sünden gebeichtet würden, weil sie gebeichtet werden müssen, überhaupt keine gebeichtet würden. Von diesem pastoralen Gesichtspunkt her ist es schon selbstverständlich, daß die kirchliche Seelsorge dahin arbeitet, daß auch solche Leute das Bußsakrament empfangen, die dazu nicht durch eine wirklich schwere Sünde verpflichtet sind. Man hat tatsächlich in der alten Kirche die Probe aufs Exempel gemacht. Ursprünglich wurden nur schwerste Sünden gebeichtet. Die Folge davon war dann eben, daß die Christen eine solche Beichte immer mehr auf das Sterbebett verschoben haben.

Man könnte zwar unter dem Gesichtspunkt göttlichen Rechtes kaum beweisen, daß eine solche Verschiebung der Beichte schwerer Sünden bis auf das Totenbett schlechterdings gegen Gottes Gebot ist. Aber jedermann sieht ein, daß ein wirklich lebendiges christliches Leben, das aus der Fülle des Ernstes gegenüber der Sünde und aus einem wirklich großen Willen, mit Gott versöhnt zu leben, handelt, auch in einer solchen Praxis mehr oder minder zerstört werden würde.

Die Kirche hat also schon von diesem Gesichtspunkt aus recht, wenn sie wünscht, daß über das absolut Gebotene hinaus vom Bußsakrament Gebrauch gemacht wird. Und sie ist von ihrer alten Praxis her davon schlechterdings überzeugt, daß sie ihre Vergebungsvollmacht selbstverständlich nicht nur auf die schweren Sünden im strengen Sinn des Wortes, sondern auch auf andere Verfehlungen und Sünden anwenden kann. Denn schon der Satz Jesu bei Johannes, daß die Kirche, wenn sie Sünden vergibt, tatsächlich ihre Vergebung vor Gott bewirkt, macht ja von vornherein keinen Unterschied zwischen den Sünden. Es wäre also töricht zu behaupten, die Kirche könne nur schwerste Sünden vergeben und könne ihre Vergebungsvollmacht, die sie von Jesus hat, nicht auch auf andere Sünden anwenden. Aber darüber hinaus gibt es noch sehr viele Gründe und Überlegungen, die eine häufige Andachtsbeichte sinnvoll sein lassen. Wir können diese Gründe und Überlegungen jetzt nicht völlig entfalten und darlegen, weil wir dann zu sehr in eine Theologie der Sünde, eine Theologie des Lebens des Christen zwischen Gnade und Sünde, in eine gesamte Theologie der Kirche und ihres Wesens als des Sakramentes der Vergebung im allgemeinen hineingeraten würden, was natürlich hier jetzt nicht möglich ist. Wir deuten also nur das eine oder andere kurz an.

2.2 Sakramentale und existentielle Vergebung

Zunächst einmal haben die Christen durch viele Jahrhunderte hindurch das Empfinden gehabt, daß ihre Sünden ihnen sicherer und eindeutiger vergeben würden, wenn sie sich auch dem sakramentalen Bußgericht der Kirche unterstellen und das Vergebungswort Gottes ausdrücklich durch den Mund der Kirche hören. Diese Überzeugung ist, wenn wir ehrlich sind und theologisch nüchtern denken, nicht so selbstverständlich. Denn es ist selbstverständlich richtig, daß — abgesehen von den schweren Sünden — solche Sünden auch ohne Sakrament getilgt und von Gott vergeben werden, wenn wir sie echt und aufrichtig bereuen und von ihnen Abstand nehmen. Ohne einen solchen inneren Willen, der im Grunde genommen die Vergebung solcher Sünden schon bewirkt, hätte und hat auch das Bußsakrament keinen Sinn und keine Wirkung. Wer nur seine Unvollkommenheiten und Sünden bekennt, aber im Grunde genommen dabei gar keinen inneren reuigen Abstand von ihnen nimmt, für den ist eine solche sakramentale Beichte vollkommen sinnlos und nutzlos. Für den heiligen Thomas von Aquin ist es im Grunde genommen eine Selbstverständlichkeit gewesen, daß, wer zum Bußsakrament hinzutritt, eigentlich normalerweise in einer Verfassung hinzutreten muß, die als solche selber schon vor dem Sakrament die Vergebung dieser so bereuten Sünden bewirkt. Von da aus gesehen, ist dieses Empfinden des Normalchristen, daß er ein größeres Vertrauen auf die Vergebung seiner Sünden hat, wenn er die sakramentale Lossprechung empfängt, nicht so selbstverständlich. Aber man sollte diesen inneren — man könnte sagen ‚existentiellen' — Gnadenvorgang, Rechtfertigungsvorgang, Vergebungsvorgang von vornherein nicht einfach von dem sakramentalen, dem kirchlichen, dem leibhaftigen, zeichenhaften Vorgang im Sakrament trennen. Es ist z. B. selbstverständlich, daß, wenn ein nichtgetaufter Erwachsener vor seiner Taufe glaubt, hofft und liebt, seine Sünden bereut, sich in einer inneren existentiellen Entscheidung zum Gott der Liebe, der Vergebung, der Gnade hinwendet, er damit auch schon *vor* seiner

Taufe gerechtfertigt ist. Trotzdem wird niemand sagen: also soll doch dieser Erwachsene, der durch seine subjektiven Akte gerechtfertigt ist, auf die Taufe verzichten; sie sei ja nach dem eben gesagten Prinzip überflüssig, sie solle den Menschen gerechtfertigt machen, dieser Mensch aber sei schon vor der Taufe gerechtfertigt, im Stand der Gnade, in Liebe durch die Gnade mit Gott verbunden usw. — Man sieht aus einem solchen Beispiel bei einem anderen, beim fundamentalsten Sakrament, daß man den inneren Vorgang und die äußere sakramentale Verleiblichung nicht wie zwei Vorgänge betrachten sollte, die einfach unverbunden nebeneinander liegen, sondern sie sind in einer inneren Einheit zu sehen. Das sakramentale Zeichen sollte die kirchliche Inkarnation dessen sein, was in der innersten Mitte der Existenz einer Person sich ereignet.

2.3 Sakramentaler Vollzug als Verleiblichung

Es ist ja auch sonst so, daß wir die innersten Gesinnungen unseres Herzens beinahe notwendig wie von selbst verleiblichen. Wir lieben einander nicht nur, sondern wir umarmen uns, wir küssen uns, wir streicheln uns vielleicht. Wir wenden uns nicht bloß in innerster, verborgener Abscheu vor irgendeiner Untat oder ähnlichem ab, sondern wir ballen die Faust. Wir beten Gott nicht nur in der innersten Mitte unseres Herzens an, sondern wir knien hin. Kurz und gut, das religiöse innerste, inwendigste Leben eines Menschen in seinem Verhältnis zu Gott hat wie von selbst die Tendenz und das Wesen, sich zu verleiblichen. Die vollste kirchliche Verleiblichung unserer Abwendung von der Schuld, unserer Hinwendung zu Gott, ist eben für den getauften Sünder das kirchliche Bußsakrament. Da glauben wir nicht nur mit den Ohren des Glaubens geheimnisvoll, ungreifbar, nur in der Mitte unseres Herzens das milde Vergebungswort Gottes zu hören, sondern wir hören auch mit den leiblichen Ohren: deine Sünden sind dir vergeben. Der Priester an Gottes Statt, in seinem Auftrag verleiblicht, verkirchlicht, versinnlicht den innersten geistigen Vorgang, und dieser will — so ist es eben das Wesen des leibhaftigen Menschen — auch von sich aus so verleiblicht werden. Natürlich hat diese Verleiblichung ihre verschiedensten Grade. Ich kann jemandem, den ich gerne habe, die Hand schütteln, ich kann ihm auf die Schulter klopfen, ich kann ihn aber vielleicht auch umarmen. Und zwei liebende Menschen, die eine totale innerste Liebe zueinander haben, wie Mann und Frau in der Ehe, werden eben diese innerste Gemeinschaft der Herzen nicht nur durch einen Handdruck oder vielleicht durch einen Kuß, sondern durch viel mehr ausdrücken. Diese Verleiblichung innerster, existentieller Vorgänge hat durchaus mit Recht seine verschieden intensiven Grade. So kann einer wirklich im Vaterunser beten, vergib uns unsere Schuld, und dabei das echte, wahre, im Glauben garantierte Bewußtsein haben, daß Gott ihm seine Sünden vergibt. Aber er kann eben auch diese Leibhaftigkeit seiner Reue und seiner Vergebungshoffnung und Zuversicht viel deutlicher, viel massiver ausdrücken, eben durch den Empfang des Bußsakramentes. Und es ist ja schon im normalen menschlichen Bereich, ganz abgesehen von der kirchlichen Lehre von der Wirksamkeit der Sakramente so, daß ein solcher Ausdruck einer menschlichen Haltung in der Leibhaftigkeit des Menschen diese innerste Haltung nicht nur ausdrückt, sondern gleichsam in einem Rückstoß verstärkt und vertieft. Wenn zwei Menschen, die sich in einer echten Gemeinschaft lieben, sich irgendwie gekränkt haben, dann kann es natürlich so sein — wie das in einem nüchternen Leben oft passiert —, daß so etwas einfach dadurch bereinigt wird, daß man zur Tagesordnung übergeht und nicht mehr davon spricht und jeder der beiden sich gewissermaßen denkt: Schwamm darüber, es ist vergessen. Aber es kann durchaus sein, daß so ein innerer Wille gegenseitigen Vergebens selber viel radikaler, echter und entschiedener wird, wenn man sich diese Vergebung auch gegenseitig sagt und gesteht. Schon Pascal hat gewußt, daß die Geste der Verdemütigung unter Umständen nicht nur der Ausdruck, sondern auch die Ursache innerer Demut ist. Es hat schon manche gegeben, die gleichsam erst ihre letzte liebende und hoffende Kapitulation vor Gott vollzogen und fertiggebracht haben, nachdem sie hingekniet sind — und nicht vorher. Mit anderen Worten: die sakramentale Verleiblichung des Reue- und Vergebungsgeschehens zwischen Gott und Menschen hat erst recht nicht nur die Funktion, das Geschehen der Vergebung menschlich-inkarnatorisch auszudrücken, sondern hat durchaus auch eine Funktion des Erweckens dieser inneren Haltung, für die sie Zeichen und Ausdruck ist. Das ist das Merkwürdige am Menschen, daß der Leib die Seele und die Seele den Leib formt. Es besteht zwischen dem Inneren und Äußeren des Menschen ein solches *gegenseitiges* Verhältnis des Ausdrucks und der Veranlassung des Inneren durch das Leibliche.

2.4 Soziale Dimension von Sünde und Vergebung

Zu diesen Überlegungen kämen natürlich noch sehr viele andere, auf die wir jetzt nicht näher eingehen können. Die Tatsache etwa, daß wir praktisch in allen leichteren oder schwereren Vergehen und Verfehlungen uns nicht nur in einem individualistischen Bereich verfehlen, sondern auch mit einer sozialen Hypothek belastet werden. Das müßte natürlich auch unter vielem anderen genauer bedacht werden. Das Zweite Vatikanische Konzil hat in der Wiederaufnahme einer in der alten und in der mittelalterlichen Kirche bis zu Luther hin selbstverständlichen Erkenntnis gelehrt, daß die kirchliche Vergebung der Sünden auch Frieden des Menschen mit der *Kirche* bedeutet. Der Sünder vergeht sich nicht nur gegen Gott, sondern auch gegen den Leib Christi in größerer oder geringerer Intensität. Und diese Schuld, die dem Leib Christi zugefügt wird, wird vergeben, wenn der Mensch reuig zu Gott zurückkehrt. Dann aber ist es eben auch wieder beinahe selbstverständlich, daß dieser Friede mit der Kirche sich nicht nur irgendwie ereignet, sondern durch einen kirchlichen Akt verleiblicht und besiegelt wird.

Dazu kommen noch sehr viele, hier ebenfalls nicht näher ausführbare Überlegungen, die sich mehr auf den Nutzen der Beichte für die übernatürlich-sittliche Reifung des Menschen beziehen. Es ist doch praktisch so, daß es wohl bei den meisten Menschen zu einer deutlichen, wirklich überlegten Konfrontation mit seiner Sündigkeit nur kommt, wenn diese Sünden im sakramentalen Bußgericht bekannt und getilgt werden. Selbstverständlich muß und soll ein Christ bei einem lebendigen christlichen Leben die Bitte um die Vergebung der Schuld im Vaterunser ernst nehmen, er soll genauso in der heiligen Messe das Sündenbekenntnis am Anfang ernst mitvollziehen, auch wenn das nicht im eigentlichen Sinne ein sakramentaler Vorgang im strengsten Sinne ist. Er soll unter Umständen durchaus ernsthaft sich an einer Bußandacht beteiligen. Er soll abends vielleicht beim Abendgebet Gott um die Vergebung seiner Sünden bitten usw. — Aber die sakramentale Einzelbeichte, auch wenn sie nicht „jure divino“ gefordert ist, ist doch ein konkreter Vorgang, der dem normalen Christen sehr hilft, diese innere Gesinnung des immer neuen Sich-Wegwendens von der Schuld und der Hinwendung zu Gott ernsthaft zu realisieren. Die genauere Erforschung des Gewissens, die Möglichkeit, bei einer solchen sakramentalen Buße gewissermaßen das vorzunehmen, was die heutigen Franzosen die „révision de vie“ nennen, alle solche und viele andere nützliche Vorzüge sind eben mit der sakramentalen Beichte gegeben; Vorzüge, die ein Christ nicht geringachten soll und von denen er sich durchaus veranlaßt sehen kann, seine sakramentale Beichte auch dort abzulegen, wo er nicht im strengen Sinn dazu verpflichtet ist.

2.5 Häufigkeit der Beichte

Die Frage, wie oft so etwas sein sollte, läßt sich vermutlicherweise doch nur individuell beantworten. Das hängt von so vielen Dingen, wie der Möglichkeit oder der praktischen Unmöglichkeit oft zu beichten, von der individuellen Eigenart eines einzelnen Menschen und von dem konkreten Leben ab, das der einzelne zu führen hat und in dem mehr oder weniger ernsthafte und zahlreiche Gelegenheiten des Sündigens gegeben sind. Solche und andere Umstände lassen es wohl schwer zu, eine allgemeine Norm für die konkrete Häufigkeit der Andachtsbeichte aufzustellen, und das soll hier auch nicht geschehen. Man kann aber sicher sagen, daß man sich die sakramentale Buße ruhig schenken kann, wenn man im Rückblick auf eine kürzere Periode seines Alltagslebens nüchtern und vernünftigerweise sagen muß, daß nichts vorgekommen ist, was man ernsthaft bereuen könnte.

Man kann natürlich mehr bereuen, als der hartsinnige Alltagschrist vielleicht meint. Es gibt Lieblosigkeit, Gleichgültigkeit gegen seine Lebensaufgaben, Uninteressiertheit an seiner Umgebung, an den Mitmenschen, für die man vielleicht verantwortlich ist. Es gibt solche Dinge, die sehr schwer greifbar sich durch ein ganzes Leben ausbreiten. Da wäre unter Umständen bei einem ernsten Selbstgericht durchaus mehr Möglichkeit ernsthafter Umkehr und Reue, als wir uns gewöhnlich, alltäglich gestimmt und harten Gemütes, zugeben. Aber, wie gesagt, soll sich umgekehrt auch niemand zu einer sakramentalen Buße verpflichtet oder veranlaßt fühlen, der sich im Grunde genommen sagt: ich habe hier und jetzt eigentlich nichts zu bereuen. Mein Alltag ist in einer so normalen, wenn auch etwas christlich-spießbürgerlichen Weise verlaufen, daß ich ihn jetzt nicht als besonderen Gegenstand einer sakramentalen Anklage empfinden kann.

3 Wer ist der rechte Beichtvater?

Jetzt ist noch etwas in einer gewissen Zusammenschau des ersten und zweiten Teiles unserer Überlegungen zu sagen. Etwas, was — so viel ich weiß — in der normalen Pastoration kaum einmal gesagt und vorgeschlagen wird. Nämlich: wenn und insofern ein Laienchrist — an diesen denke ich jetzt — einerseits der Überzeugung ist, daß er eigentlich im strengen Sinne einer sakramentalen Lossprechung nicht bedarf und auf der anderen Seite doch einsieht und willig ist, dieses Sakrament auch außerhalb dieser Situation häufiger zu empfangen, dann sollte er auch eine weise und gute Auswahl des sogenannten Beichtvaters treffen. Es ist selbstverständlich, daß, so sehr alle Momente eines sakramentalen Geschehens in jeder Beichte gegeben sein müssen — Gewissenserforschung, Reue, Anklage, Absolution —, sich doch bei einer Andachtsbeichte das Gewicht dieses sakramentalen Geschehens stärker auf das subjektive des Beichtenden verlagert als bei einer Lossprechung von einer schweren Schuld. Anders ausgedrückt: eine bloß routinemäßig häufige Andachtsbeichte, in der existentiell so gut wie nichts geschieht, hat auch als sakramentales Geschehen keinen Sinn. Nun aber wird man doch sagen können, daß die Möglichkeit, eine solche Andachtsbeichte ernst zu nehmen, *auch* davon abhängt, welchen Beichtvater man sich wählt. Die Kirche hat vom Mittelalter an immer mehr dahin tendiert, dem Laienchristen eine möglichst große Auswahl an Beichtvätern zur Verfügung zu stellen. Während im Vierten Laterankonzil noch vorgeschrieben wurde, daß man die Jahresbeichte bei seinem zuständigen Pfarrer abzulegen habe, hat die Kirche mehr und mehr die freie Wahl des Beichtvaters kirchengesetzlich ermöglicht und auch pastoral erleichtert. Bei einer Andachtsbeichte, wie wir sie jetzt, glaube ich, einigermaßen richtig verstehen, ist eigentlich klar, daß das bloße sakramentale Absolviertsein in diesem Falle am wenigsten sinnvoll ist. Und deswegen ist eben die innere Haltung des Beichtenden von entscheidendem Gewicht, und diese läßt sich leichter bewerkstelligen, wenn ein entsprechender Beichtvater gegeben ist. Es gab und gibt natürlich Pfarrer, die in der Zahl von möglichst vielen Absolutionen an einem Samstag einen Triumph ihrer seelsorglichen Bemühungen sehen. Es hat früher durchaus Christen gegeben, z. B. in Ordenshäusern, die jeden Tag — weil es technisch möglich war — die Absolution im Bußsakrament erbaten.

Solche Dinge, die existentiell keine echte Bedeutung haben, sollte man unterlassen. Es kommt letztlich nicht auf die Zahl der sakramentalen Vorgänge an. Und deshalb ist es auch wichtig, für die richtig verstandene Andachtsbeichte einen einigermaßen dafür geeigneten Beichtvater auszuwählen. Es ist wirklich nicht selbstverständlich, daß jeder Priester, der die liturgisch sakramentale Vollmacht der Absolution hat, deswegen auch schon ein geeigneter Beichtvater wäre. Die Wirksamkeit eines Sakramentes darf man eben nicht übertreiben. Ich glaube, daß es sehr oft in der frommen Praxis der letzten Jahrhunderte Beichten gegeben hat, die praktisch nichtig waren. Die Anklage bezog sich sehr oft auf Sünden, von denen man innerlich keinen wirklichen Abstand gewonnen hatte, und damit war gegeben, daß eine wirkliche Reue fehlte und somit die Absolution keinen Nutzen und keine Wirksamkeit hatte. Das mag sehr oft in gutem Glauben geschehen sein, aber empfehlenswert ist es trotzdem noch nicht. Ein guter Beichtvater sollte unter Umständen auch zu einem ernsthaften Beichtgespräch bereit sein. Er sollte ein Ohr für vielleicht nicht ganz Ausgesprochenes in solch einer Anklage haben. Nicht, um Sünden zu entdecken, die der Beichtende vergessen oder verschwiegen hätte — wie das bei Don Bosco vorgekommen ist —, sondern um wirkliche Schwierigkeiten des seelischen Lebens beim konkreten Menschen zu entdekken und ihm nach Kräften zu helfen. Der Beichtvater braucht und soll im Sakrament nicht eigentlich ein Psychotherapeut sein, er hat einen Beichtenden vor sich, der die Vergebung von Gott und der Kirche will und nicht im eigentlichen Sinne psychotherapeutische Ratschläge. Aber so wahr das ist, so ist es eben doch nicht so, daß der Priester eine Absolutionsmaschine sein soll, weil das keinen Sinn und keinen Nutzen hat und dem Wesen eines Sakramentes widerspricht, in dem die innere personale Mitwirkung nach der Lehre des heiligen Thomas sogar ein inneres Element des sakramentalen Geschehens selbst und nicht nur seine Vorbedingung ist. Wie man einen solchen Beichtvater findet, wie man sich ihm gegenüber bekennend verhalten soll, damit er eine wirklich seelsorgliche Funktion ausüben kann, das sind natürlich Fragen, deren Antworten wieder nach den jeweiligen konkreten Situationen eines Beichtenden verschieden sind und auf die man hier nicht auch noch nähere Antworten und Anweisungen geben kann.

ANHANG

Erfahrungen mit der Beichte

1 Veränderte Vorbereitung auf die Beichte

„Mir bringt's nichts, das Beichten: im Grunde bleiben ja doch meine Probleme und Fehler praktisch die gleichen, was für eine Veränderung in meinem Leben sollte eine Beichte denn schon bewirken?"

Die Erfahrung, daß eigentlich alles beim alten bleibt, daß der kurze Aufschwung beim Beichtvorsatz doch eben wieder im Alltagstrott verebbt, hat mir lange Zeit das Beichten wenig attraktiv, wenig weiterführend erscheinen lassen. Es fängt schon damit an, daß bei einem Blick auf mein Leben mir vieles dabei recht durchschnittlich — „nicht besonders gut, nicht besonders schlecht" — vorkommt, daß vieles von dem, was ich so getan oder gelassen habe, eine ganze Kette von Erklärungen und Entschuldigungen mit sich zieht, so daß es mir oft fast beliebig zu sein scheint, wie ich so lebe, wenn's nur „in einem gewissen Rahmen bleibt" . . . Doch diese Unverbindlichkeit und Mittelmäßigkeit geht mir von Zeit zu Zeit schon gewaltig auf die Nerven, ich spür' eine Sehnsucht nach Veränderung, konsequenterer Lebensgestaltung, Aufbruch, Neuanfang.

Einen neuen Zugang zum Beichten haben mir eigentlich ein Beichtbuch und die guten Erfahrungen von Freunden damit eröffnet:

Der entscheidende Unterschied zu meinen früheren Beicht-Versuchen lag wohl in der veränderten Vorbereitung:

War es mir früher fast nicht gelungen, aufrichtig „Reue zu empfinden" über das, was ich (schon irgendwie) als *meine* Schuld ansah (aber mich dabei doch irgendwie im eigenen Kreis drehte), lernte ich in einfachen Schritten und Übungen etwa, mir gegenüber etwas mehr Abstand zu bekommen, mich einmal aus der Perspektive meiner Mitmenschen, auch der vielen, die ich nicht kenne, anzuschauen, zu erleben. Dabei fällt mir gerade auf, wie selbstbezogen und -fixiert ich vieles tue und denke.

Ein weiterer Unterschied zum früheren Beichten lag für mich auch darin, daß ich nicht länger „wie ein Buchhalter" in meinen Sünden und Fehlhaltungen kramte (und dabei bloß verdrießlich-moralisch mir selbst unzufrieden gegenübersaß), sondern etwa erst einmal von meinen Lebensgewohnheiten her mir überlegte, wie für mich ein „Wunsch-Alltag" aussehen könnte, eine gelungene Beziehung, eine entsprechende Aufgabe . . . Ich spüre dabei die Spannung zwischen dem, was ich eigentlich möchte, und dem, wie ich lebe, und — leide ein bißchen mehr darunter.

Oder wenn ich mich in die Rolle und Situation eines Menschen versetze, dessen Leben „zur Hölle geworden" ist: etwa ein Süchtiger, Krimineller, überfordert und geschlagen; wo das Leben festgefahren ist, ohne Zukunft und Ausweg. Da erlebe ich ein wenig stärker und ehrlicher betroffen, was ich alles unterlassen habe, wie wenig ich aus meinen Anlagen, Bevorzugungen, Fähigkeiten mache, wie sehr ich Aufgaben und Freundschaften sich selbst überlasse — ohne eigene Beteiligung.

Von diesem Hintergrund her erahne ich dann auch lebendiger, was Jesus für uns, für mich tut und wie wenig ich für ihn — das betrifft nicht nur einzelne (aufzählbare) Sünden oder Unterlassungen meinerseits, sondern vielmehr gesamthaft, von Grund auf — vielleicht das, was „Schuld" meint, die ich eben nicht einfach von mir aus wiedergutmachen kann, auch nicht in einem offenen guten Gespräch mit einem Freund. (An dieser Stelle bin ich dankbar dafür, daß der Kirche, konkret: dem Priester, die Macht der Sündenvergebung übertragen, aufgetragen ist.)

Damit es aber nicht bloß bei jener Betroffenheit bleibt, schaue ich, wie's denn im Detail ausschaut in meinem Leben. Denn genau da steckt ja bekanntlich der Teufel . . . Und dabei hilft es mir schon, wenn ich einfach von den Zehn Geboten her meinen Lebensstil befrage, und überall dort, wo mir deutlich wird, daß es so *nicht* stimmt, frage ich mich, *woran* das liegen könnte: dabei sind es oft scheinbare „Nebensächlichkeiten" und festgefahrene Gewohnheiten, die mich bestimmen — und: wo ich konkret einen Punkt ändern kann. Solange ich mir etwa bloß vornahm, täglich zu beten, blieb es praktisch beim bloßen „guten Wunsch" und beim schlechten Gewissen; seit ich für mich aber einen möglichen und — auf lange Sicht — geeigneten Zeitpunkt festgelegt habe, wo ich beten kann (und eben auch, wenn's mich jeden Tag nicht gleichermaßen freut!), komm' ich wirklich dazu.

Überhaupt habe ich den Eindruck, je unscheinbarer und greifbarer (und eben auch begründet!) das Schuldbekenntnis bei der Beichte wird, um so peinlicher, aber auch um so ehrlicher erfahre ich, daß es dabei um mich, um mein Leben, meine Schuld geht, aber in allem eben auch um das letzte Angenommensein durch Gott — eben so, wie ich vor IHM bin.

Und weil eine gewisse Regelmäßigkeit als notwendige Stütze und Provokation dient, halte ich auch in bezug aufs Beichten viel davon, die Abstände zwischen den Beichtterminen nicht so groß (wie etwa beim Zahnarzt . . .) werden zu lassen.

Das innere und immer auch äußere Aufatmen, die Freude und Befreiung, die ich jedesmal bisher nach der Lossprechung erleben durfte, kann ich einfach nicht genügend ausdrücken — es ist so etwas wie ein tiefer Trost, ganz von neuem anfangen zu dürfen, aber eben als der, der ich nun einmal bin.

Und das ist eine so unfaßbare, unbedingte Zusage, die sich gerade in der Beichte ausdrücklich ausgesprochen ereignet, so daß wir darauf wohl nur mit unserem ganzen Leben zu antworten haben — un-bedingt.

Christian Metz

2 Rhythmus — Zuwendung — Befreiung

Die erste Erfahrung ist die Hilfe des Rhythmus. Ich gehöre auch zu jenen Menschen, die jahrelang entweder gar nicht oder nur sporadisch — zu Weihnachten und Ostern oder ähnlichen Anlässen — gebeichtet haben. Nachdem mir dieser disziplinlose und rein den Stimmungen ausgelieferte Zustand immer unerträglicher wurde, versuche ich jetzt, in einem Rhythmus von sechs bis acht Wochen, mit Terminabsprache, Vor- und Nachbereitung, zu beichten. Wenn auch damit kein Problem verschwindet oder gelöst ist, so erfahre ich doch diesen Rhythmus als Stütze und Hilfe, um nicht ausschließlich der Stimmung unterworfen zu sein, ob ich beichten mag oder nicht (Diese Stimmung bleibt sowieso stark genug!).

Eine zweite wichtige Erfahrung ist für mich, daß mir der Vorgang der Reue etwas klarer geworden ist. Tränen und Gefühle der Reue — geboren meist aus der Enttäuschung über sich selbst — sind direkt im Anschluß an ein großes Versagen möglich und wirklich. Bei der Beichtvorbereitung habe ich die Reue neu entdeckt als diesen einfachen, etwas länger verweilenden Blick auf die Person Jesu Christi; also als bewußte Hinwendung und Umkehr zu ihm. Natürlich ist dabei das Schauen auf ein Kreuz besonders beeindruckend. Die Reue ist bei mir jetzt zwar auch nicht „gefühllos", aber sie ist keine Stimmungsmache, sondern ein Akt der Zuwendung zu Jesus.

Schließlich gibt es für mich — und das ist die dritte positive Erfahrung mit der Beichte — wirklich das Gefühl der Befreiung. Gerade wenn Abhängigkeiten, Triebe und Angstzustände — „es ändert sich ja doch nichts, es bleibt alles beim alten" — besonders bedrohend werden, erlebe ich die Beichte als Ereignis, nach dem ich — wirklich wie in Kindertagen — befreit durch die Straßen der Stadt gehe, innerlich leicht, voll neuen Mutes, die Menschen freundlich grüßend, aktiv Kinder- und Alltagsanforderungen mit mehr Ruhe und Gelassenheit angehend ... Vergebung ist für mich wirklich jedesmal ein neuer Beginn. Gott sei Dank, daß er möglich ist!

Josef Steiner

Menschen zu haben, mit denen man gut reden kann, ist ein Geschenk. Ich habe es oft als Befreiung empfunden, wenn ich einem Menschen gegenüber auch meine Belastungen und sogar meine Schuld aussprechen konnte. Was gibt es Wertvolleres, als einen Menschen zu haben, vor dem ich meine Maske ablegen darf. Einen Freund zu haben, von dem ich weiß, daß er auch dann noch zu mir steht, wenn ich mich ihm bis in meine Blöße preisgegeben habe.

Bei dieser Offenheit kann allerdings auch der Teufel am Werk sein. Die Offenheit ist dämonisch — wie zwischen Faust und Gretchen —, wenn damit eine Nebenabsicht verfolgt wird. Oder wenn man sich aus Selbstverachtung preisgibt. Ich habe erlebt, wie ein junger Mann sein tragisches Schicksal, eine schwierige Kindheit und das Waisenhaus, dazu verwenden konnte, um an Mädchen heranzukommen. Er hat die Selbstmitteilung und das Gespräch mißbraucht. Dieser junge Mann kann auch — zwar offen, aber so resigniert von seinem Leben reden, daß nur mehr seine Selbstverachtung und Hoffnungslosigkeit zum Ausdruck kommt. Er öffnet sich bis ins Persönlichste hinein und gibt sich dabei selber auf. Aber ich habe mit demselben Menschen auch schon ganz andere Gespräche erlebt, fast Beichtgespräche. Wo ich in dem, was er mir zitternd mitteilte, seine Liebesbedürftigkeit und Hoffnung bemerkt habe. Wenn er in dieser Weise von sich redete, habe ich gespürt, daß er nichts anderes suchte, als angenommen zu werden von Menschen, letztlich von Gott.

Solch hoffnungsvolle und befreiende Gespräche stecken wohl dahinter, wenn Jugendliche, auf das Thema Beichte angesprochen, oft sagen: „Es genügt doch, wenn ich einem Freund meine Probleme sage!" Es genügt und es genügt nicht. Ohne auf die theologischen Probleme näher einzugehen, kann man doch sicher sagen: wenn diese Freundschaft eine Glaubensbeziehung ist, also getragen von Verschwiegenheit und Ehrfurcht, von der Suche nach Sinn und größerer Gemeinschaft, dann ist in diesem Gespräch doch etwas geschehen, was der Beichte sehr ähnlich ist. Vielleicht fehlt nur noch die Fähigkeit, im gemeinsamen Gebet das auszudrücken, was der Priester in einer Formel sagt, wenn er wiederholt, was Jesus spontan und so oft den Menschen gesagt hat: Deine Sünden sind dir vergeben. Gott hat dich angenommen.

Ein Sechzehnjähriger, mit dem ich befreundet bin, kommt zu mir und sagt, er möchte beichten. Ich schicke ihn zur Vorbereitung. Nach zehn Minuten kommt er zurück und bekennt seine Sünden. Ich denke: er hätte sich mehr anstrengen können. Denn was er aufzählt, ist nichts als ein billiger Beichtspiegel und nichts Persönliches. Ich gebe ihm Zuspruch und Lossprechung. Dann aber merke ich, daß dies eine der besten Beichten war, die ich gehört habe. Denn auf die Lossprechung hin atmet er laut hörbar auf: „Ah . . . jetzt habe ich es geschafft!“ Er hat Vergebung erfahren.

Im Gespräch könnten wir Christen uns öfter und intensiver der Vergebung öffnen und sie weitergeben. Vielleicht würden wir so auch einen neuen Zugang zur Beichte finden.

Georg Sporschill

4 Wie ich das Beichten erlebe

Als Kind lernte ich mit Hilfe des Beichtspiegels im Gesangbuch beichten. Mit den Freunden und Geschwistern um den längsten Beichtzettel wetteifernd, habe ich das erste Mal richtig gebeichtet, als im Beichtstuhl das sonst gewohnte Licht gelöscht war und ich nichts ablesen konnte. Seither hat für mich die Beichte eine andere Bedeutung gewonnen. Ich sträube mich noch mehr als zuvor dagegen, aber ich spüre die Sehnsucht nach Befreiung, die mir dabei zugesprochen wird. Es ist also Sehnsucht und Angst zugleich; die Angst davor, vor einem anderen meine Fehler zu bekennen und auszusprechen und mich so zu zeigen, wie ich ganz bin, ohne etwas abzudecken. Dabei wird mir bewußt, daß ich mich vor Gott nicht verstecken kann, daß ich vor ihm keine Geheimnisse haben kann. Bevor ich zu einem Priester gehe, mache ich mir Gedanken, wo meine Schwächen und Fehler sind; diese möchte ich dann so formulieren, daß sie mir markant im Gedächtnis bleiben. Wenn ich sie auswendig lerne, werden sie mir bewußter und klarer gegenwärtig. Als „Raster" für die Überlegungen nehme ich mir folgende drei Punkte vor: das Verhältnis zu Gott, zum Mitmenschen und zu mir selbst. Wenn ich dann in Form einer Meditation meine Gedanken gemacht habe, denke ich oft, „jetzt ist eigentlich schon gebeichtet". Ich weiß, was ich ändern will, und der Wille zur Besserung ist da. Aber dann weiß ich auch, daß ich ohne den Schritt zur Beichte diese Überlegungen sicher nicht so explizit angestellt hätte. Ich habe auf diese Weise meine Sünden nennen müssen und bestimmter und konkreter einen Vorsatz gefaßt; und wenn ich in dem Beichtgespräch die Lossprechung von einem anderen Menschen höre, ist es für mich viel erlösender als das bloße Wissen der Sündenvergebung. Das Sakrament, das ich hierbei empfange, ist ein Zeichen und mir dabei sehr wichtig. Die Worte des Priesters bei der Beichte sind oft „nichts Neues" für mich, aber sie ermutigen und bestärken mich bei dem Vorsatz zur Umkehr.

Die Befreiung bei der Lossprechung von den Sünden ist mir ein ganz wichtiger Moment, auch weil ich weiß, daß ich nie (gerade nicht?) die wahren Fehler erkenne, aber weiß, daß ich freigesprochen werde auch von der Schuld, die mir nicht bewußt ist.

Früher äußerten wir dieses befreite, erlöste Gefühl dadurch, daß wir, wo wir jetzt doch „rein waren wie Engel", uns vor der Kirchentüre gegenseitig am Rücken nach Ansätzen zu Flügeln abtasteten. Dieses Wissen, daß Gott uns immer wieder neu sein Erbarmen schenkt, gibt mir jetzt neue Hoffnung auch auf Begleitung auf dem Weg der Umkehr. Ich merke, daß es Sünden gibt, die jedesmal auftauchen, daß ich also immer wieder am gleichen Punkt versage; genau da ist es mir eine Befreiung, daß ich auch damit immer wieder angenommen bin und ich zum x-ten Mal neu anfangen kann.

Rainer

Früher ging ich ein paarmal im Jahr beichten, weil es so üblich war. Diese Praxis hatte wenig Wirkung auf mein Leben. Ich zählte meine Sünden auf, ließ aber Reue nur an der Oberfläche meines Herzens geschehen. Das änderte sich erst, als ich einmal die Erfahrung einer tiefen Schuld machte. Damals fiel ich in eine Art „Hölle". Ich war verzweifelt und fand keinen Trost. Meine ganze Sehnsucht richtete sich auf das Erbarmen Gottes. Nur er konnte mir in dieser Zeit Worte sagen, die mich weiterleben ließen. Seither ist mein Beichtverständnis anders geworden.

Ich habe mehr und mehr begriffen, daß Gott mich in jeder Beichte berühren und heilen will.

Jetzt beginne ich schon einige Tage vor dem Beichttag mit meinem Nachdenken. In der Stille suche ich mir einen Satz in der Heiligen Schrift, der mir als Leitgedanke dient. Das empfinde ich als sehr hilfreich, weil mich diese Worte weiterführen. Dabei bitte ich den Heiligen Geist, mein Inneres „auszuleuchten", mir auch jene Stellen zu zeigen, wo ich Sünde und Schuld verdrängt habe. Ich bitte Jesus, mit mir gemeinsam die letzten Wochen anzuschauen, um zu entdecken, wo ich nicht in seinem Sinn gehandelt habe. Er wird meine Erinnerung dorthin lenken, wo mein Denken und Reden nicht von ihm bestimmt waren. Langsam werden mir die Schwerpunkte klar. Diese Stunde der Vorbereitung bedeutet für mich eher harte Arbeit. Es ist nicht angenehm, die Realität der nackten Sünde ohne Beschönigung an sich wahrzunehmen. Auf einem Zettel mache ich mir Notizen und überlege mir dabei, was ich im Beichtgespräch sagen möchte.

Ich versuche dann ganz einfach von meinem Leben zu erzählen, wie ich glaube, daß es jetzt vor Gott ausschaut. Je ehrlicher und konkreter es mir gelingt, von allem Bösen in mir zu reden, um so deutlicher fühle ich Erleichterung. Trotzdem kostet es mich immer wieder große Überwindung, bisweilen sogar „Herzklopfen"!

Schön finde ich es, wenn man einen Beichtvater-bruder-freund gefunden hat, zu dem man mit Vertrauen über alles sprechen kann. Seine menschliche Ausstrahlung, sein Glaube an Jesus, seine eigene Schwachheit vor Gott helfen, daß das Erlebnis Beichte besser gelingt. Mich begleiten die Worte des Priesters oft lange, seine Antworten sind mir sehr wichtig. Ich möchte darin „das Wort aufnehmen", das Gott mir für mein Leben sagen möchte.

Thea

Es war nicht so, daß ich gedankenlos dahinlebte, im Gegenteil: Mein Gewissen war wach, und ich war mir meiner Fehler bewußt. Aber so gut wie möglich versuchte ich, mein Schuldbewußtsein zu verdrängen und mir keine Zeit zum Nachdenken und Besinnen zu nehmen. Aber spätestens das Eintreten von Ruhe am Abend eines ausgefüllten Tages führte mir die Last, die auf mir ruhte, vor Augen. Immer weniger gelang es mir, alles in den Hintergrund zu drängen, abzuschwächen und zu verniedlichen. Es half mir auch nicht zu sagen: Ich weiß um meine Fehler, sie tun mir leid, und ich mach' das mit Gott alleine aus, dazu brauche ich keinen Seelsorger.

Endlich nach zwei Jahren sah ich ein, daß ich es alleine nicht schaffen würde, und ich entschloß mich, zur Beichte zu gehen. Denn wenn ich zurücksah auf Zeiten, in denen ich froh und unbeschwert lebte, waren es Lebensabschnitte nach dem Abladen von Schuld in einer Beichte.

Was mich am meisten zögern ließ, war nicht Scheu oder Angst, meine Schuld vor einem Priester zu bekennen, sondern das Wissen, daß eine Beichte Konsequenzen nach sich ziehen würde, nämlich die Umkehr, das Abstehen von Gewohnheiten, den Neuanfang.

Die Absolution wurde für mich zum Zeichen eines Neubeginnes, der zwar einen nicht leicht zu vollziehenden Wandel meiner Lebensgestaltung forderte, aber ich wünschte mir diesen selbst sehnlich herbei. So schwer mir dies zunächst auch fiel, in der Freude und Gelöstheit fand ich die nötige Kraft.

Wesentlich war für mich die Erkenntnis, nicht ein ausgedehntes Beratungs- oder Beichtgespräch suchen zu müssen, sondern das schlichte Bekennen meiner Schuld. Weiters, daß ich nicht, wie ich es früher stets getan hatte, für jeden Fehltritt Erklärungsversuche und Entschuldigungen vorbringen darf. Das hätte dann lediglich zur Folge haben können, daß der Seelsorger gefragt hätte: Wovon soll ich dich nun eigentlich lossprechen?

Seit diesem befreienden Erlebnis muß ich mich nicht mehr mühsam durchringen, zur Beichte zu gehen, sondern dies ist mir zum Bedürfnis geworden, zu einem Geschenk, das ich immer wieder annehmen darf.

Michael